元華文創

學習的隱形推手

The Invisible Hand of Learning:
Technology, Self-Regulation, and Shaping the New Generation
through Teaching Cases

科技、自律與塑造新世代的教學案例

賴秋琳 著

結合理論與實例，描述自律學習的理論與教學上之應用，
提供多種自學、組內共學與組間互學策略與活動設計規劃，
提供高引導、平衡式、高協作與高自學自律學習活動設計範例。

推薦序一

隨著科技進步與數位學習內容、教學工具的充實，許多老師開始正視數位學習的重要性。近年來，自律學習的理念逐漸受到重視，因此數位科技如何助力自律學習也成為了教育者們的焦點。期望在這數位化的浪潮中，能夠激發孩子們更多的學習動機和創意，讓學習不再僅有單一的模式。這樣的思維，在這本書中，獲得了更深入的探討和實踐分享。

教育部在推動中小學數位學習的過程中，非常重視數位科技如何融入課堂。尤其是看到許多數位學習平台與教學工具支援老師打造出具啟發性的數位課程，使學生進行自主學習，這些都是本書中詳細描述的重要內容。更值得一提的是，教育部近幾年推動數位科技輔助自主學習，從成效數據來看，自主學習能力的提升，加上善用學習平台相關學習資源，有助於學生提升學科學習成效。

本書的作者長期協助教育部推動數位學習精進方案，並作為高中職輔導團隊的重要成員，在教育領域累積了深厚的經驗與實務知識。賴教授不僅參與策略制定，更多次走入校園，指導老師如何在課堂中有效地實施科技輔助自主學習。這樣的深入參與和經驗，使她對教學的挑戰和需求有著深刻的了解，這也使本書的內容除了扎實的理論基礎外，還提供了貼近教育前

線的真實授課範例。

　　我衷心推薦這本書給所有關心教育、希望了解數位學習如何助益學生的讀者。讓我們一同見證，透過數位科技輔助自主學習與創新教學結合，點燃孩子們的學習激情與創意。

教育部　資訊及科技教育司司長

推薦序二

　　在當今這個快速變革的數位時代，教育的轉型與創新從未如此重要。身為臺中教育大學的畢業生，賴秋琳教授不僅深深了解這一趨勢，更透過自己的經驗和努力，為我們展現了真正融合數位技術和教學的可能性。這本書提供了一系列實用而深入的教學設計參考，幫助我們更好地領悟如何培養學生的自主學習與跨域整合能力。

　　我曾於教育部資訊及科技教育司任職，並見證了臺灣科技輔助自主學習的起步。而本書所呈現的方法與策略，正是這一使命的延續和深化。這本書不只是一本理論指南，更是一本真實教學場景的實踐手冊，對於希望跟上時代脈動的教育工作者來說，它提供了極為寶貴的資源。

　　我誠摯推薦這本書給所有熱心於教育、願意為未來投資的人。它不只是對當前教學趨勢的反思，更是對未來教育藍圖的勾勒。

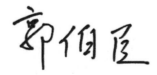

國立臺中教育大學校長　教育部資訊及科技教育司前司長

推薦序三

　　培養學生的自主學習能力一直是全球教育界重視的議題；教育部在近年來也把科技輔助自主學習作為重要的推動目標，其中透過自律學習機制來引導學生訂定個人的學習目標及策略，並且進行時間規劃，是重要的實施方式。因此，這本書的主題，不但符合國際教育的趨勢，更是臺灣教育界重要的目標。

　　我有幸在過去十年，擔任賴秋琳教授的指導教授及研究伙伴，並和她共同執行教育部的多項重要計畫，包括臺灣高中職行動學習輔導計畫和科技輔助自主學習輔導計畫。這一段長期的合作，讓我深刻感受到她在科技融入教學與自律學習領域的出色能力與獨到的見解。

　　秋琳教授不僅開發了眾多運用科技輔助自律學習的教學活動與教師培訓內容，並在各級學校實踐這些創新的教學模式，獲得中小學教師的肯定；她更在 110 學年度獲得教學優良獎。同時，她在自律學習領域的研究成果已經是世界頂尖：在她發表的 30 多篇 SSCI 期刊論文中，就有 7 篇是自律學習的實證研究，是對其理論深度與實務應用的有力證明。

　　此書彙集了作者多年的研究成果和教學經驗，是一部極具參考價值的作品。無論是教育工作者、學者還是對教育有興趣的讀者，都能從中獲得深刻的啟發和寶貴的指導。

　　我衷心推薦這部作品，相信它將為科技融入教學和自律學習的領域帶來新的光彩。

黃國禎

國立臺中教育大學　副校長

自 序

　　什麼是自律學習？是學生自發、主動學習的過程嗎？這個問題曾是我心中的第一個疑問，也可能是您的第一直覺。但自律學習並非止於此。它涉及學生為自己的學習設定目標，並反思學習的成效。這與 Zimmerman 等學者的自律學習循環理論呼應，但我們的認識可能僅限於此。

　　有幸深入研究自律學習的我，更要感謝許多前輩的引導，讓我能在臺灣協助推動科技化教學相關計畫。近年來，教育學界逐漸意識到平板、手機等行動載具對學生學習的重要影響。學生在課堂的討論愈發活躍，他們的眼神充滿了熱情和好奇。他們開始將生活中的問題帶到課堂上，並形塑自己喜愛的學習方式。科技的介入不僅加強了師生、生生間的連結，更讓學生的學習方式多元化。學者們漸漸察覺，有一股隱形的力量正在推動學生不斷前進。

　　自律學習就是那股悄悄的推動力。本書的靈感來自 2000 年由 Barry J. Zimmerman 所著的《自律學習》。同樣採用了 Zimmerman 的寫作模式，探討自律學習的理論與科技的腳色，並透過生活案例進行驗證。您可能不知道，自律學習還包括共同調節、社會共享調節和情緒調節。在本書中，我們將共同探討這些方面以及許多科技輔助自律學習的策略。您無需擔心，

書中的生活案例和常用科技工具都是實用且易於理解的。

　　此外，本書的最後兩章提供了 16 個科技輔助自律學習的教學活動設計。希望這些內容能幫助您了解如何讓這股隱形的力量更加有力地推動您前進。

　　最後，我要感謝家人、師長的支持和栽培，以及臺灣許多中小學教師，他們的慷慨分享讓我得以深入學校觀察學生學習的真實狀況，並感受教學現場的脈動。完成這本書的特殊時刻──八月八日，臺灣父親節，我想將這本書獻給一直默默陪伴的父親。當您沉浸在自律學習的世界並透過這些教學案例深入理解時，您會發現，我們的生活中其實隨處可見那些默默付出的自律學習的指導者。

目　次

第一章　科技輔助自律學習的定義、目的及發展

　　自律學習一直是教學與教育研究領域相當注重的議題。這件事情總會跟終身學習畫上等號。你可能聽過人們說：自律學習是學生自動自發的學習；這應該就是所謂的自律學習吧？這個章節，我們先從許多人的發表以及想法中，來看看何謂自律學習。

　　首先，先做個介紹。自律學習這名詞，大約在 1970 年被提出以來，學者們一直關注著個人學習表現和學習信心。自律學習從非正式學習的議題開始，因為網路學習興起之故，逐漸變成一種重要的學習途徑，自律學習的討論轉向個人和多人線上自學的議題。在臺灣，自律學習從零散的教育研究開始，逐漸發展成為許多國家大型教育推動計畫。本章節將探討自律學習的定義、特性、教學趨勢和教育目標，以及國內外的發展情況，以探討這種能力如何在制式教育、非正式課程和終身學習中伴隨個人成長。

圖 1　您曾經見過學生如何做自律學習呢？許多人給我的答案是：
　　　學生用 Youtube 學習（如外語、程式、音樂演奏）

一、自律學習的定義及特性

　　終身學習是一個持續的學習過程，人透過終身學習，幫助
自己不斷拓展知識和提升技能。在現代社會中，終身學習已經
變得越來越重要；尤其，因為新技術（如：生成式人工智慧）
和新知識（如：新的醫學疾病傳播原理等）的不斷湧現，要想
跟上時代的步伐，則需要不斷地學習和進修。然而，要實現終
身學習，自律學習能力是不可或缺的。自律學習是指個人能夠
主動地管理自己的學習過程，包括學習目標的設定、學習計畫
的制定、學習行為的監督以及學習效果的評估。這種主動的學
習方式可以幫助個人更好地掌握知識和技能，從而提高學習動

機和學習信心，進而實現終身學習的目標。

　　Barry J. Zimmerman 是一位傑出的教育心理學博士，提到自律學習，一定會提到他。透過他雙眼的觀察以及無數的研究紀錄，為我們揭開自律學習的面紗。他在 1986 年提出了自律學習的三個核心元素，包括自我觀察、自我評估和自我反思（Zimmerman，1986）。自我觀察指個人能夠對自己的學習行為進行觀察和記錄，從而了解自己的學習狀況。自我評估指個人能夠對自己的學習進行評估，從而了解自己的學習成效。自我反思則是指個人能夠對自己的學習過程進行反思和檢討，從而找出問題並加以解決。這三個核心元素，可以幫助學習者更好地掌握自律學習的技巧，進而實現終身學習。

（一）從研究家的觀察

　　自從許多研究家觀察自律學習，它涉及學生的認知行為、認知發展、後設認知以及社會認知的表現：

(1) 從認知行為的討論來說，自律是一種自我主導以達到學習目標的表現（Meichenbaum，2017）。學生會為了達成或避免某些事情，而為學習採取行動。例如，學生為了考上理想的大學，開始安排讀書規劃並進行學習。又學生擔心無法通過某個重要的檢定，他們會反覆練習，並找尋可以協助的人；期望自己在接受檢定時，表現出最好的一面。沒想到吧！自律學習不是只有規劃自己的學習；個體決定如何進行這件事情，也是自律學習的一

環。

(2) 從認知發展的角度來說，自律是一種個人根據外在鷹架
而產生的自我指導表現（Pressley 等人，1985）。最經
典例子是 Vygotsky（1962）所假設的兒童學習語言的
方法。他認為，兒童會從周圍其他人所發出的音調與意
義，逐漸內化成為自我能理解的內容；這過程就如同指
導自己順應周遭環境，並學習跟他人相同的語言與行
為。在生活中，我們經常看到類似的自律表現，如：學
生會參考他人做筆記的方法，並將其應用在自己學習與
作筆記的策略裡。又我們到了異地國家，會由聆聽當地
人的語言，逐漸學習如何用當地語言說早安或謝謝。

(3) 從後設認知說起，可以將其視為完成前兩項的手段。它
代表個人要完成目標而採取的手段或策略；若這些手段
或策略無法讓他們有效達成目標，他們會持續調整直到
達到理想目標為止（Zimmerman & Schunk，2011）。
例如，為了考上理想大學，學生會研究採計科目與加
權，並評估自我能力而調整讀書計畫。為了快速記住知
識，學生會開始發展多種口訣或筆記方法；當他們發現
這個筆記方法不好時，他會嘗試調整記憶的方法。要做
到這件事情的前題，就是他知道自己為什麼要用這個筆
記方法做筆記，這是所謂的「知道自己如何學習」。除
了為個人的學習與成長，找尋合適的手段外，後設認知
相關研究學者更認為，自律在於個人會針對當前表現調
整與選擇適當的策略。也就是說，為自己選擇良好的策

略，定期監控自己的表現，是自律過程重要的後設認知表現（Borkowski 等人，1987）。

(4) 在社會認知上，它強調的是個體在學習過程的學習信心與學習動機等社交表現。在自律過程，行為與策略固然重要；但社會認知學者認為，學生的自我效能以及學習動機等，亦是自律中的重要議題。個人的心理狀況會左右一個人如何選擇策略與制定目標（Anderson 等人，2007；Brown 等人，2016），又目標的達成狀態，亦影響一個人的學習信心與堅毅程度（Kuo 等人，2021；Villavicencio & Bernardo，2016）。例如：學生能依照自己的規劃，完成每月的讀書計畫，他們會獲得滿足感與自信心。又有些學生可能會嘗試透過外在獎勵來激起自己履行目標的動機，為此，他們會跟自己立約，當完成本月的讀書計畫，可以放一日假並看一整天的小說。

由上述的觀察，你們有發現嗎？「自律」這件事情，可能不單單指學習，它有可能涉及是人要如何與周遭環境互動以及找尋適合自己「生存」方法。當嬰兒餓了哭了，是一種對外尋求協助的調節；他們會吸吮手指來安撫自己情緒，是一種找尋策略控制自己情緒的調節。到了大一點，當要與哥哥姐姐玩玩具時，可能用哭鬧的方式或用談判的方式來獲得我想要的玩具。當我們踏出家門，開始認識幼兒園或公園裡的朋友時，我們會開始模仿他人做相似的事情，嘗試融入這個群體。到了校園裡，我們會嘗試遵守班級規則，與同學共同學習。如果，遇到了心儀的對象，我們還會努力表現自己好的一面，並時時檢

視自己是否有達到自己的期望。我們可以說，「自律」是一種嘗試讓自己達到某個目標或者完成某件理想的事情，而開始驅使自己做某些特定行為的動力。而如果把這股動力用在學習上，那就是關於達到學習的相關目標，我們驅使自己的方法與規劃，就可以稱之為「自律學習」。因此，自律學習並不是一種讓自己將知識背起來或技能學起來的策略；它可以被視為一種手段，我們透過使用手段，讓自己安心、有信心且有目標的去實現自己想達成的事情，如學習知識或精熟技能。

　　為了讓大家更清楚，我們舉在校園中的例子讓大家思考。為了這次的期中考，同學們都會念書。小 A 同學每一堂課都認真做筆記，下課時間也會把握機會背誦單字。回家之後的學習，她會把今天的筆記拿出來複習，並做一些題目來檢核自己是不是都懂這些知識。小 B 也同樣的，會做筆記，也會背誦單字。只是，她有一套自己的筆記方法，為了讓自己可以方便查閱筆記，她為每個科目買了活頁筆記本，為自己記錄上課重點。回家學習時，小 B 的複習方法是先從練習做題目開始。當她發現某些題目錯的特別多時，她會去翻閱筆記與課本，找尋跟題目相關的單元內容，然後嘗試再把筆記做得更完整。因為小 B 的複習方法是倒過來，所以她在每天都可以為自己多安排其他課程的預習或複習。接著，我們來看看小 C，她在每學期都會先去詢問老師本學期的上課進度，她的目的是想在老師開始教授那個單元之前，就先預習過一遍。這樣她上課，可以直接針對她有問題的地方進行提問或更深度的學習。她做了一件可能跟其他人很不一樣的事情，但她同樣有自己做筆記以及背單字的

方法。

　　上面看來，三位同學做事情的目的可能是相同，都是想要精熟某部分的學習內容。這也是為什麼說，自律學習的目的不是為了習得知識，還有包含獲得知識的技能。但三位同學為了達到目的，他們採用的方法不同。所以，自律學習可定義為人們為了達到某件學習任務，而針對目標進行規劃與採取行動的歷程表現。在過程中，個人會透過察覺，評估自己與目標的距離以及自己學習的偏好，為自己規劃最佳的行動路線。此外，亦透過觀察環境周圍提供的利弊訊息，而調整進行的方法。最後，人們也會產生情意上的自律表現，例如達到目標的信心、挑戰困難與堅持的毅力以及達成成效的滿足感等。

圖 2　如果完成一道佳餚是一次學習
自律學習就像廚師會運用多種工具以及手法，來創造一道佳餚

（二）從教學現場的觀察

在教育上，我們經常聽到的名詞為 Pedagogy，即所謂教育學。這個名詞通常被理解為教學方法，及教學者如何將學習理論落實於教學現場。教學者會根據課程規劃，以教育學科內容為目的，提供教材與引導等方式，陪伴學生將知識與內容轉換成養分，吸收至大腦中。這種模式經常出現於我們的教育階段，學生坐在教室裡，老師在課堂上運用簡報、講解、演示等方法，將知識內容傳遞給學生。學生運用筆記、背誦或練習等模式，進行學習。而如同表 1 所述，這個教學模式，學習者依賴教師或教科書提供的引導，學習動機可能來自於外部，是因為教師、課程需要或升學需求等，才開始進行學習。

表 1　Pedagogy、Andragogy 與 Heutagogy 的比較

	學校教育 (Pedagogy)	成人教育 (Andragogy)	自我導向學習 (Heutagogy)
依賴程度	學習者依賴教師，教師決定學習內容、方法與時間	學習者在學習過程進行自動自發且自我導向的學習	學習者間是相互依賴的，他們會從生活經驗中獲得潛在的學習與探究方向，並管理自己的學習
學習內容來源	教師提供學習資源與設計教學活動	學習資源來自於學習者自身或他人的經驗	教師提供一些學習資源或管道，而學習者可以選擇他們想要進行的學習途徑
學習的理由	學習是為了進入下一階段的學習	學習者學習是為了想要了解更多或得到更有效的解決問題方法	學習並一定是有計畫性或線性的。學習發生在於學習者覺得這個情境或經驗是有潛力的

	學校教育 (Pedagogy)	成人教育 (Andragogy)	自我導向學習 (Heutagogy)
學習的重點	以學科中心為主，有既定的時間與學科邏輯的規劃	學習是以解決問題為導向	學習者可以透過積極主動地解決問題；他們會考量自己與他人的經驗，透過反思、比較、體驗、互動等方式獲得知識
動機	學習動機通常來自外部，如父母、競爭與升學等	學習動機來自於內在，增加信心、認可與對知識的滿足	自我效能的表現，學習者獲得學習的方法、創造的途徑以及與他人合作的能力
老師的腳色	教師負責設計學習流程、提供素材以及引導執行學習	教師是教學中的促進者，負責提供學習過程的良好學習氛圍與維持同儕合作精神	培養學習者成為有能力的人；讓學習者知道：　如何學習　如何創造與發現新事物　如何獲得更高的自我效能　有效與他人合作

　　另外兩個，可能較少人討論的名詞，是 Andragogy 與 Heutagogy。Andragogy 發生的時機，是在於學習者因對某項知識或技能有興趣，而進行學習。舉例來說，有學生因為喜歡繪圖，而開始學習素描，甚至於學電腦繪圖。他們的學習方法，可能不是來自正規的教學現場，有可能是找專家學習、購入相關書籍學習臨摹或者上網蒐集相關教學資源等進行自學。雖然，Andragogy 的翻譯名為成人教育，但更廣義的說法是，由學生自己主動發起的學習，皆可為此範圍的學習模式。就定義上而言，Andragogy 是一種自我導向學習或自律學習的表現，在這個學習情境下，教師從知識的傳遞者，轉換為學生學習的

促進者。學生是自動自發獨立的學習者；而他們的學習動機較多來自於內在，是為了滿足自己對知識或技能的知能，而嘗試為自己學習並解決問題。當然，這個學習情境亦適用於學科學習，當學習者自身對於學科內容的相關知識有興趣時，他們亦會透過自己的能力獲得更多知識。例如，學生在閱讀教科書後對遺傳學產生興趣或有待解決的問題，他們會自發性地上網搜尋更多資料、課後詢問教師更多關於遺傳學的內容或者請益其他專家等。而這種教學模式，亦是臺灣一〇八課綱的重要內涵之一，在領綱中這個內涵稱之為「自主學習」。學生利用每週二到三小時的彈性學習時間，自己訂定學習主題與日程，並依照自己的學習興趣與目標進行學習。

　　而 Heutagogy 的定義為何呢？如果我們把學習當作是一個工廠最後產出的產品，那 Heutagogy 的意義在於如何讓這個生產更快速或更有品質。一個工廠出產的產品要好，除了了解原料的特性外，當然工廠的機具、環境因素以及原料與設備的搭配等，都是影響的關鍵。學習亦包含相同的特性。我們經常在市面上看到許多名校老師或學生的重點整理筆記，亦能看到不同種的學習內容型態（紙本、網路資訊、影音甚至於互動模擬等），但每位學生的學習成效不一定相同。而 Heutagogy 所強調的，就是如何在認識自己與了解自己的偏好後，選擇合適的方法來學習。每個學生的學習偏好可能不同，有些人在圖書館念書的效率是最好，但有些人需要聽著 Podcast 才能靜下心來念書。又舉例，有些學生會去觀察其他同學如何讀書，如何做筆記，然後嘗試模仿同儕的學習方法或從中挑出對自己有利的

學習策略。這些都是學生依照自己的偏好、優勢或甚至於弱勢，為自己精心安排的學習情境。而在這個情境下，教師提供的不會再是知識上的傳遞或者技能上的指導，提供更多是關於學習方法或學習資源上的輔助。例如，我們可能聽過老師說：「你現在需要的不是再找一本參考書來唸，而是去做考古題，找出自己常犯的錯誤」。「睡前的時間通常拿來背誦口訣是最好的時機」。這些可能都是有經驗的人，根據學習者自身的學習優勢與問題，給予的學習策略建議；目的不在於教學生更多知識內容，而是陪伴學生調整學習方法。所以，Heutagogy 較少重視於學習內容本身，它更強調學習者要了解自己、觀察他人，從與多個人互動的過程，找到更適合自己的學習策略。

（三）從學習者的看法

　　為了解實際學生對自律學習的看法，本書作者運用開放性問答方式，詢問臺灣北部某大學之數名大學生對自律學習的看法，並從中萃取與獲得臺灣大學生的自律學習觀點。學生認為，自律學習主要在於學習者自己對學習事務的規劃與修正，其內容包含：時間、方法、環境、同儕、目標與評估。時間乃指運用行事曆安排與調整自己的學習節奏，方法則說明自己採用那些筆記、休息以及資料處理等方法，又有人稱之為策略。環境指學生對學習地方的選擇，例如圖書館、房間桌面的佈局以及環境音的選擇等。同儕是指一同學習的同伴或者能從而獲得更有效學習品質的關係人。目標則代表自己對學習內容的進度規

劃或個人成長目標規劃等；最後，評估則代表自己的學習表現，個人的學習表現亦作為學生規劃後續學習活動的參考依據。

圖 3　大學生對自律學習的認知
自律學習是對自己學習的規劃與評估

　　在學生的認知中，自律學習是一個循環，透過在規劃的時候，分析與了解自我，從而選擇適合自己的時間、方法、環境等方案。在學習過程，嘗試去驗證自己選用的方案是否可行；當方案需要修正時，學生會檢核自己採用的方案是否得宜，並找尋可以調整的方案或可替代的方法，最後重新進行規劃。而這個自律學習的循環，不一定發生在於學生發現方案不符合自己需求的時候；它亦可能在於學生想獲得更大滿足與信心時產

生。此外，更高階的學生，亦可能有兩到三種方案，在學習過程不斷切換，以保持自己對學習內容的熱忱與挑戰動機。這些大學生們也認同，自律學習發生的時機，不僅在於應付考試或取得學業，課外活動的陶冶以及休閒娛樂的養成，亦可以是學習者自律學習表現的時機。

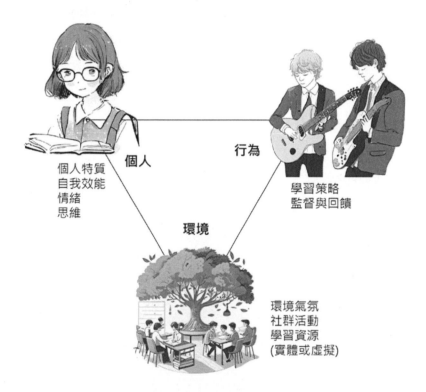

個人特質
自我效能
情緒
思維

個人

行為

學習策略
監督與回饋

環境

環境氣氛
社群活動
學習資源
(實體或虛擬)

圖 4　影響自律學習的因素
個人、環境與行為

　　研究人員在探討自律學習時，聚焦於個人、環境和行為這三個決定因素（Bandura & Cervone，1986；Panadero，2017；Zimmerman，1989）。他們提出了一個模型，將這三個因素相互聯繫起來（我們下一章會討論）。這個模型強調，自律學習是由個人的內部特質、外部環境和行為相互作用形成的，並且隨著時間和經驗的增加而發展（Zimmerman & Moylan，2009；Zimmerman & Schunk，2011）。研究家、教學者和學生都認同這個模型，並且認為自律學習可以通過自我調節和行為控制來實現。例如，學生可以利用自我調節來管理自己的學習，包含設定目標、制定計劃、檢討進度等。教學者可以通過教學設計、教學方法和教學資源等方面來幫助學生實現自律學習。研究家可以通過研究認知和行為方面的理論和實證研究，來提高對自律學習的理解和實踐。儘管三者都認同自律學習的重要性，但他們對於自律學習的理解和實踐存在差異。例如，研究家通常更關注自律學習的理論和實證研究，而教學者則更關注如何幫助學生實現自律學習。學生則需要學會如何實踐自律學習，並將其應用於不同的學習場景中。此外，每個人的自律學習需求和方法也可能有所不同，因此需要適當的個性化策略和支持。

二、科技融入自律學習的趨勢與教育目標

　　倘若問教師，您見過學生如何做自律學習？教師可能會說：到圖書館找需要的資料、閱讀書籍或觀看相關影片、網路

搜尋資料、與同儕討論或交換心得、到數位學習平台進行進修
以及運用相關網路論壇進行知識內容的討論等。最近聽到較新
的自律學習模式有：用 ChatGPT 練習寫程式、用英語校正 App
練習英語作文、聽 Podcast 等。

圖 5　科技在學生自律學習中扮演何種腳色呢？
科技是 Tutor、Tool 也可以是 Tutee

　　從表面而言，我們可能認為這些都只是學生單純表現出來
的行為，但其實隱藏著一位學生的學習策略與反思表現。例如，
學生會到圖書館找尋資料，表示他可能對於特定的議題有興
趣，或者他期望可以透過圖書館的部分藏書來解決課程上的問
題。為了達成這項任務，首先，學生需要衡量自己的能力與任

務，發現自己無法解決的任務為何；這個過程是所謂的自我評估。接著，他會開始去思考哪些人事物是有助於他解決問題途徑；因此，他會進行組織與規劃。最後，他才會執行前往圖書館找資料的決定。當然，在找資料的過程，自律學習也包含其中；例如，他們找資料的方法、評估找的資料是否足夠以及檢核資料跟問題的關係等。自律學習支配一個人是否要去做一件事情；換言之，它是在探討做一件事情的目的與原因。

　　近年來，隨著電腦技術的普及，學習方式變得更加多元化。特別是行動載具（如智慧型手機或平板電腦等）的普及，為教學和學習提供了新的形式（Chen & Hu, 2020; Jiang et al., 2021; Kim et al., 2021）。有了這些技術，學生不再受限於時間和地點進行學習（Rezaee et al., 2020），可以根據自己的時間表自律學習。同時，因為學習模式變得多元，學習的模式不再只是一般課堂授課。我們就舉用 ChatGPT 練習寫程式來說，學生如果要學習 Python，他需要電腦、參考書及以及網路資料。他可能會依循參考書來學習，這些工具的準備以及依照參考書的單元學習是他規劃的目標。接著，他開始進行學習，一定會遇到問題，使得他寫的程式無法得到如願的結果。於是，他會開始上網找資料、詢問他人，甚至於詢問 ChatGPT。這些是學生選擇的策略。而程式寫不出來跟耽誤了自己規劃的學習時間，是他對自己學習監督的成果。問 ChatGPT 有許多方法，學生一開始給予 ChatGPT 的關鍵字可能不多；如果無法獲得答案後，他會開始轉變描述的內容。這是他的評估與反思。

　　許多教育機構已經認識到在數位時代培養學生的自律學習

能力的重要性（Doo et al., 2021; Klein et al., 2021），擁有良好自律學習能力者，能在解決任務時，選擇適當的學習策略；此外，他們能在面對困難時，從嘗試錯誤中發現自己的問題並解決（Lee et al., 2020; van Alten et al., 2020）。由上述的例子，您們有發現嗎？在科技融入自律學習裡，科技的腳色是多元的。

（一）科技在自律學習中的腳色

　　Barnard 等人（2009）曾說，線上學習環境強調自主性，學習者進行自律行為的能力被認為是成功線上學習的關鍵因素。這是由於線上學習環境通常是一個自己默默努力的世界，這個環境相當要求學習者要更加自律（Shea & Bidjerano，2012）。 Kauffman（2004）和 Wang（2011）也斷言，線上學習環境中的學習者必須高度自我調節；否則，他們的學習效率可能會很低。此外，Narciss 等人（2007）證明，在數位學習環境中，自律能力與學業成績呈顯著正相關。Azevedo 和 Cromley（2004）也發現高度自律的學生在學習成績方面明顯優於低自律的學生。

　　但如果回去看剛剛提出的例子，在科技化環境下的自律學習行為表現，並不是只有學生選擇了哪個數位學習平台。它更包含學生如何選擇、如何監督、如何評估以及如何改變現況。這些行為的表現，更能展現學生自律學習的表現。而科技在其中，當然除了提供學習內容（學習平台）外，它也可以是學生監督自我或規劃新目標的工具。甚至，我們可以把科技視為學

習過程的一個夥伴，它可以是教師（tutor）、工具（tool）以及學生（tutee）。如表 2，如果科技在學生學習過程擔任教師的腳色，科技將作為提供知識與專業內容諮詢的腳色。而如果是工具，它將提供學生規劃、資訊組織以及溝通等用途。值得一提，科技也可以是幫助學生穩定情緒的工具，例如：耳機的降躁功能、聆聽音樂或者使用番茄學習休息提醒機制，讓學生保持穩定且專注的學習狀態。

表2　科技在自律學習中的腳色

教師(tutor)	工具(tool)	學生(tutee)
● 提供學習教材 ● 提供學習目標 ● 提供評量內容 ● 提供回饋建議	● 提供時間規劃工具 ● 提供筆記與概念組織工具 ● 提供資料搜尋功能 ● 提供溝通詢問功能 ● 提供穩定情緒的工具(聽音樂或番茄學習休息提醒等)	● 提供其他學習策略範例(如其他人的筆記或時間規劃方法) ● 提供學習陪伴(如 YPT App，觀看其他人讀書時間) ● 提供可能解決問題的辦法*

*學生可能從網路或透過人工智慧獲得相關學習的建議、知識或資訊內容，但學生須有能力鑑別這些內容的可行性以及適應性。

　　最後，如果科技是學生，它可能負責提供學生一些學習知識、資料整理方法或者學伴的功能。這裡可能比較抽象，但我們可以想成是在一般學習環境裡，我們會去參考其他同學的學習方法或筆記。而如果是科技，則是我們可以透過參考他人分享的內容，獲得類似的內容。例如我們看到 Youtuber 分享他如何整理讀書筆記的方法，我們會加以參考。又我們在一般學習環境，可能會找同儕陪我們一起學習。而科技也可以做為陪伴

的腳色，甚至於有學生會用 Google meet 或 Line 通話，跟某位同學保持長時間的通話；過程中，他們可能不太講話，但他們需要對方在這段時間的相互陪同。當然，科技也可以幫忙提供學習相關的答案，但本書將其列在 Tutee，是因為學生要想辦法驗證這個答案的正確性、可行性或適應性。就如同我們可能在生活中聽到誰說了什麼，但事後發現它不全然正確。道理相同，學生可以用科技獲得可能的答案，但他需要進行資訊的評估。

（二）科技輔助自律學習的教學模式探討

研究人員開始探索數位學習環境下，學生如何應用自律學習以及自律學習對教學的影響（Lan et al., 2021；Vilkova & Shcheglova，2021）。Lai（2022）曾對目前發表於數位學習重要期刊的自律學習相關研究進行分析討論，她認為目前科技融入自律學習的教學模式有幾大方向：

1. 動機是科技輔助自律學習的基石

自律學習的核心是學生自主地維持認知、行為和情緒的過程（Zimmerman，1989）。其中，動機是自律學習不可或缺的一個要素，它對學生學習的內容、時間和方式有著重要的影響（Schunk，1995）。動機是指一個人在學習某個知識或技能時所具備的內在驅力，促使他們投入學習活動並持續學習。這種動機可以是內在的，例如對於某個主題的興趣、自我成長的渴望、個人成就感的追求等等，也可以是外在的，例如工作需求、

社會期望、經濟利益等等。舉例來說，有些學生學習畫圖，是
因為他喜歡畫圖，所以想要學習不同種的技法以及繪圖內容，
這屬於內在動機。而在最近生成式人工智慧的議題興起，大家
開始嘗試了解生成式人工智慧背後的技術，甚至於修習相關的
課程，讓自己在就業上多了一些機會，這可屬於外在動機。許
多研究也表明，動機與學習策略、學習成果等有著密切關聯
（Aguilar 等人，2021；Doo 等人，2021），因為它可以影響一
個人對學習的投入程度、學習的時間和精力、學習的效果等等。

　　近年來，科技輔助自律學習成為一個熱門話題，學者們開
始關注如何運用科技作為手段，以提升學生的自律學習能力。
在這些研究中，動機也被認為是影響自律學習的一個重要因素
（Hooshyar 等人，2019；Hwang 等人，2021）。當學生有了較
高的學習動機，他們會更專注地進行目標的制定、學習的監控
以及效果的評估。科技輔助自律學習可以為學生提供更加豐
富、靈活的學習環境，有助於激發學生的學習興趣和動機，從
而提高學習效果（Lai，2020；Lavi 等人，2019）。因此，提高
學生的動機水平，鼓勵學生自律學習和探究，開發適合學生自
律學習的科技輔助學習工具，都是促進自律學習的重要策略
（Aleven 等人，2013；Marulis & Nelson，2021）。同時，教
育者也應該重視學生的學習動機，結合科技輔助自律學習的方
法，為學生提供更加有效、個性化的學習體驗，幫助他們取得
更好的學習成果。

2. 科技為自律學習帶來加值效果

　　科技輔助自律學習已成為當今教育領域中的一個重要議題，研究顯示科技整合程度越來越強。早期科技輔助自律學習的研究主要集中在個人或小組學習上，而近期階段增加了更多的教學領域和科技應用，例如翻轉學習、大型開放式網路課程（MOOCs）和閱讀理解等。這種轉變可能是由於教育實踐的改變，學習者可以從網絡上自由選擇學習內容（Wei 等人，2021），科技成為實現這一目標的重要媒介。在這樣的學習環境中，學生的自律能力決定了他們的學業成就（Zheng 等人，2019），因此學者們經常討論學生自律學習的趨勢，特別是在線上學習活動和 MOOCs 課程（Aguilar 等人，2021；Bennett 等人，2008；Rienties 等人，2019）。

　　在這些新的學習環境中，翻轉學習是經常與自律學習一起提到的主題。翻轉學習（Flipped Learning）是一種教學方法，它將傳統的課堂講授和習題演練的時間置換，讓學生在課前自學相關知識，而在課堂上則進行問題解決、討論和互動。而科技在翻轉學習中扮演了非常重要的腳色，不僅包含提供學生豐富的學習內容，還有提供學生許多課堂互動與整理資料的工具。也因為科技給學生多種用途，使得學生逐漸進入了混合學習的環境。但也表明，自律學習的問題不再是關於學生個人學習的問題，而是關於學生混合式學習表現的問題。因此，在混合式學習環境中引導學生自律能力可能是未來教育的一個重要議題。此外，社交媒體應用程式也對自律學習有著積極的影響。它們可以提供一個隨時隨地進行同儕討論的平台，進而促進學

生之間的合作和交流。學習者可以通過這種方式互相幫助和分享學習資源，並且能夠及時地獲得反饋和指導。因此，提供一些社交媒體應用程式來促進學生之間的討論和交流是很重要的因素（Xiao 等人，2020）。

對於科技輔助自律學習，學者們也開始強調引入學習分析技術。澳洲是此領域的主要研究國家，其學者們強調了未來學習分析的重要性（Gasevic 等人，2016；Pardo 等人，2017），例如預測性分析和社交網絡分析。此外，學習環境中的回饋和評估是影響學生學習成就的關鍵因素。因此，未來將會有更多有效的學習評估工具，以了解學生在學習過程中的表現和成就。當然，教師在科技輔助自律學習中的腳色仍相當重要。教師需要擁有豐富的教學經驗，能夠為學生提供適當的指導和支持，幫助他們培養自律學習的能力。

3. 學習從個人自律調節延伸至群體調節

學者已經證明了，個人的自律能力不僅對個人學習有影響；在合作學習環境中，個人的自律能力還能夠對整個團隊的效能產生積極的影響（Chen & Chiu，2016；Wan 等人，2021）。如同社會認知理論所述，學習成果不僅來自個人能力和表現，還來自於環境和行為的影響（Bandura，1986）。因此，在合作學習環境中，團隊中每個人的自律能力都直接影響整個團隊的學習成果（Zahn 等人，2008）。

然而，現今的學習環境日益多元化，教師們需要面對更多的挑戰，以確保學生的學習成果。因此，教學環境中，除了探

討個人自律能力對個人學習表現的影響外，更需要注意合作學習環境中，學生所表現的自律能力，對整體的學習表現有著積極的影響（Zimmerman，1989）。然而，教師同樣要注意，在合作學習環境中實現自律學習面臨著許多困難（Perry 等人，2006）。例如，團隊中可能存在個人之間的分歧和衝突，需要教師引導學生有效地解決問題。此外，學生可能會缺乏充分的自律能力，需要教師引導和輔導。因此，教師需要設計適合協作學習環境的學習場域。在實踐中，教師們需要不斷探索和實驗，開發更加有效的自律學習活動，以幫助學生更好地發展自律學習能力。此外，也可以將合作學習與個人化學習相結合，提高學生的學習效果。

三、科技輔助自律學習的政策推動

Zimmerman（2002, p66）曾說道：

學習者會根據自己的目標監測自己的行為，
並對自己不斷提高的效率進行自我反思。
這增強了學生的自我滿足感和繼續改進學習方法的動力。

由於自律學習的方法具有優越的動機與適應性，
因此，自律的學生不僅更有可能在學業上取得成功，
而且更樂觀地看待自己的未來。

　　自律學習是一個重要的策略，可以幫助學生在學習中取得更好的成績和更多的成就。自律學習的特質包括自我規劃、自我監控和自我反思這些特質使學生能夠主動學習，掌握學習進程和進度。自律學習還鼓勵學生對自己的學習和發展負責，培養了良好的時間管理和目標設定的能力。對於學生個人而言，自律學習有著重大的影響。首先，它可以增加學生的自信心，讓他們相信自己可以掌握學習的節奏和進度。其次，它可以培養學生的自主性和責任感，這是成功的必要條件。第三，它可以幫助學生建立長期的學習習慣，這有助於他們在未來的學習和職業生涯中繼續成長和發展。

　　在整個國家未來的發展方面，自律學習也發揮了關鍵作用。自律學習能力是一種個人能力，而國家是由許多個體組成的整體，國家的發展取決於每個人的努力和貢獻。因此，一個擁有大量自律學習能力的人才聚集處，可以帶動整個國家的發展和進步，進而提升國家的競爭力和實力。換言之，自律學習也有助於提高整個國家的教育水平和國民素質，進而增強國家的競爭力和實力。

（一）南韓的作法

　　要推動科技輔助自律學習，一個國家需要進行軟硬體建置、教學設計、教師訓練以及永續經營發展。軟硬體建置是推動科技輔助自律學習的重要一環。國家需要建立完善的教育科技基礎設施，包括網絡環境、教育軟硬體設備和數位化資源等，

以提供學生和教師使用。此外,國家還需要設置一個完善的教育科技管理系統,以便管理和維護這些設施和資源。

以南韓為例,他們自 2017 年開始推動數位學習計畫,主要包括以下幾個方面:

1. 建立科技融入教學基礎建設

南韓政府投入大量資源建立完善的教育科技基礎設施,以提供學生和教師使用。他們的基礎建設包括提供高速與穩定的網路環境、多種數位設備、多種教育軟體、多種數位資源與雲端服務。南韓透過建立完善的教育科技基礎設施,讓教師與學生可以輕鬆使用數位工具、獲得學習資源與進行教學管理及評估。南韓政府透過這些基礎建設,提供教師與學生一個良好的自律學習環境。

2. 發展數位內容

南韓政府投入大量的資源,在建立智慧化的數位學習路徑、製作數位教材和教科書方面積極推動。此外,南韓政府也注重數位內容的多樣性,為學生提供豐富的學習資源和多元的學習體驗。他們透過多種方式來發展數位內容,例如:數位教材製作、智慧化學習路徑、遊戲化學習以及線上課程,來支援各種不同的學習模式。南韓政府努力提高學生的自律學習能力和學習成效;因此,在推動數位學習的發展上,特別注重多樣性和創新性,為學生提供豐富的學習資源和多元的學習體驗。

3. 推廣智慧教室

　　南韓政府在推廣智慧教室方面也投入了相當的資源。他們設計智慧教室時，充分考慮了數位科技的應用，包括具備多功能的互動式投影機、投影幕、電腦、數位白板、網路、攝影機等設備，並採用光學感應或觸控式操作，讓教師和學生可以透過這些科技設備實現教學和學習的互動。除了硬體建設外，南韓政府搭配許多政策，包括設置智慧教室示範學校以及加強智慧教室教師的專業培訓等，以推動全國智慧教室的普及和應用。這些設置的重點，都是為了提高學習效率與教學效果；因為，智慧教室還能夠實現數據收集和管理，方便教師隨時隨地掌握學生的學習情況，即時調整教學策略，以提高學生的自律學習能力和學習成效。

4. 建立數位學習管理系統

　　南韓政府在建立數位學習管理系統方面也投入了相當的資源。這些系統旨在管理和維護教育科技基礎設施、學習資源和數據，並為學生和教師提供安全、便利、高效的數位學習環境。他們推行的數位學習管理系統主要包括兩個方面：一是國家級的系統，由國家級單位負責規劃和管理，旨在統一規範數位學習標準和資源，並提供安全穩定的數位學習平台；二是校級的系統，由各學校自行建立和管理，旨在滿足本地教育需求，提供個性化的數位學習環境。在建置這些學習管理系統上，南韓注重幾個特點：一是系統安全，採用多層次的安全機制保護學生和教師的個人信息和學習資源；二是系統穩定，能夠支持大

量用戶的同時訪問和使用，並保證系統的穩定性和可靠性；三
是系統易用，提供簡單、直觀、易操作的界面和工具，方便學
生和教師使用；四是系統互動，支持教師和學生之間的互動和
交流，並鼓勵教師和學生之間的協作和共享。透過這些支持的
系統，學生與教師能在穩健的基礎上，進行有效的教與學。

5. 推動教師專業發展

　　南韓政府在推動教師專業發展方面也進行了大量的工作。
他們意識到教師是數位學習推行的關鍵，而且他們需要有足夠
的技術和教學能力，才能夠成功地應用教育科技推動學生的自
律學習。首先，南韓政府成立了教育科技培訓中心，負責為教
師提供系統化的教育科技培訓課程，包括教育科技應用、教學
設計、教學策略等，以提高教師的教育科技素養和能力。其次，
南韓政府還鼓勵教師進行自律學習教學實踐和研究，推動教育
科技創新和應用，例如辦理許多科技教育教師論壇和工作坊，
推動專業互動與教學共備，提高教師的教學能力和效果。由此
可知，南韓政府對教師專業發展的重視，除了幫助教師進行專
業成長外，更提高學生的自律學習能力和學習成效，促進南韓
教育的可持續發展。

（二）英國的作法

　　在教學設計方面，自律學習融入到課程中，並提供多元化
的學習體驗，以滿足不同學生的需求。而為了達到此目標，在
設計教學活動時，需要考量自律學習的機制。英國教育終身基

金會（Education Endowment Foundation）在 2018 年發布的主題為「後設認知和自律學習」（Metacognition and Self-regulated Learning）的報告。報告旨在提供一個關於後設認知和自律學習對學業成就的影響的討論。這份報告提出了七個自律學習與後設認知引導的建議：

1. 了解學生的學習狀況

　　這個建議強調教師需要引導學生了解自己的學習狀況，包括他們的學習風格、學習目標和自我效能感。而教師了解學生學習狀況的意義，並不是請教師幫助雕刻學生的自律學習能力；而是透過教師當作一個溝通橋樑，引導學生認識自己的學習狀況，藉此更好地支持他們的自律學習和後設認知能力。

2. 建立學生對自律學習的信心

　　這個建議強調教師需要鼓勵學生對自律學習和後設認知的能力有信心，並提供適當的支持和指導，幫助他們學會如何管理自己的學習。而建立信心的方法，在於扣合底下的建議，包含提供具體的學習策略、鼓勵學生學會反思、提供具體反思的問題以及鼓勵學生自我監控。

3. 提供學生具體的學習策略

　　這個建議強調教師需要訓練學生具體的學習策略，例如如何記憶、如何注意力集中、如何進行問題解決和評估等。圖 6 是一個學生解決一個任務的過程，他會使用自我問題解決策略來解決問題。當學生在遇到問題時，首先通過閱讀問題和理解

題目，確定問題的內容和要求。同時，他會評估自己目前的能力、時間以及執行任務的意願，並選擇適當的策略執行。接著，學生開始使用已有的知識和技能來解決問題或學習，同時也不斷檢視和調整自己的解決方案，以確保答案正確。最後，學生還使用筆記和圖表等方式來檢視和組織自己的思考過程，以便將來更好地應對類似問題。這張圖說明了學生在學習過程中可以採用自我問題解決策略的過程，也突顯了提供學生具體學習策略的重要性。這能讓學生在每次解決不同任務的時候，不斷演練學習策略；這也能使得學生能逐漸練習透過多種學習策略來面對問題。

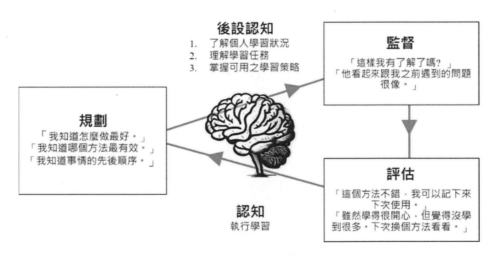

圖 6　學生解決問題的歷程

學習的過程不只有認知學習，還有策略的磨練

4. 鼓勵學生反思

　　這個建議強調教師需要鼓勵學生學會反思，例如提醒他們檢視自己的學習成果，檢查是否有達到學習目標，了解自己的學習方法是否有效等。這與下一個建議搭配使用，提供學生具體反思問題以及給予學生練習反思的機會。

5. 提供學生具體的反思問題

　　這個建議強調教師需要提供具體的反思問題，例如要求學生思考如何改進學習方法、如何應對挑戰、如何將所學應用到實際生活等。報告中利用魚骨圖做為引導學生反思的範例，展示自律學習和後設認知的不同方面對學習的影響。圖 7 以右側的學習成果（Outcomes）為最終目標，向左展開列出可能影響學習的因素與策略。這些因素和策略對學習成果的影響有可能是正向的，包括對學習目標的清晰理解、選擇適當的學習策略、自我反思和調整學習策略等；亦有可能是負面影響的因素和策略，如學習焦慮、無效的學習策略和自我反思不足等。運用魚骨圖的目的，是幫助學生盤點在他整個學習歷程中，影響與促使他完成學習任務的因素與策略。透過具象化的描寫，讓學生更認識自己的學習方法以及學習狀況。

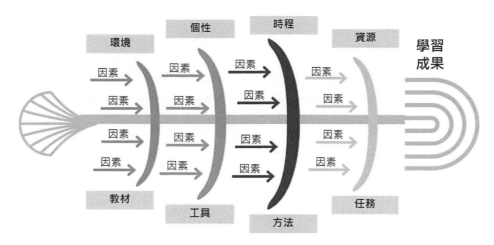

圖 7　帶領學生反思問題
運用魚骨圖評估一個成果的多元成因

6. 鼓勵學生進行自我監控

　　同樣的，透過上述的魚骨圖或者其他組織工具，亦可以讓教師鼓勵學生進行自我監控。唯有透過讓學生學習自我監控，提醒他們注意自己的學習進度和學習成果，才能有機會讓學生設定更具體且更貼近自己狀況的學習目標和計劃。

7. 提供學生學習支持

　　這個建議強調教師需要提供學生適當的學習支持，例如提供教學材料和資源、設置問題解決的機會和練習、提供回饋和評估、鼓勵學生互相合作和分享學習經驗等。透過這些學習支持，可以幫助學生建立自律學習和後設認知的能力，並更好地應對學習挑戰。

（三）新加坡的作法

　　國家需要建立一個長期穩定的教育科技發展計劃，以確保這些措施和投資能夠持續發揮作用，並不斷提升教育水平和國家競爭力。這需要政府的政策支持、學校和教師的持續投入和發揮，以及學生的積極參與和配合。新加坡從多年以前就強調運用數位科技融入生活教學。在 So 等人（2008）的研究報告，就提到新加坡運用行動科技導入生活學習的案例。而這些例子，提供學生許多探究以及反思的機會，都是一個能培養學生發展自律學習的良好情境。例如，在垃圾減量、再生與回收的探究活動裡，學生會在生活中觀察環境以及科學概念，並將他們觀察到的現象與課堂學習的知識進行連結。而為了獲得更具體的知識，教師在教學過程會引導學生進行資料蒐集、組織知識以及訪問；學生是在一個完全開放的環境底下學習，如此的環境考驗著學生的自律學習能力。因為他們必須在這個環境中，做最有效的學習掌控，才能在有限的時間以及空間裡，獲得最多的學習知識。新加坡在推動這些教學措施時，更鼓勵學校引入自律學習課程，培養學生的自律學習能力和學習習慣。近年，Lim 與 Baildon（2022）在社會學習課程中，讓學生探究相關社會議題。為了幫助學生進行自律學習，他們提供了三個不同的 SRL 提示，包含：計劃提示、監控提示和自我反思提示。該研究中的計劃提示是在學生開始閱讀資料前，教師會提供計劃提示，鼓勵學生思考規劃的學習步驟。這些提示可以問學生一些問題，讓他們思考接下來的資料閱讀和探討的方向。例如，

問學生可以在這次閱讀中尋找什麼樣的資料，或是期望他們從資料中獲得什麼樣的見解。監控提示是用在學生進行閱讀資料或研究時，幫助學生持續關注自己的學習進展。這些提示鼓勵學生自問一些問題，幫助他們更深入地思考和了解正在閱讀的資料。例如，問學生在資料中看到了哪些觀點，是否還有其他觀點被忽略，這些觀點之間是否存在衝突等。自我反思提示是當學生完成閱讀和研究後，教師鼓勵學生回顧並寫下一段短評。這些提示有助於學生對所學內容進行整理和思考，並促進他們進行後設認知思考。例如，問學生從資料中學到了什麼，他們對全球化主題有什麼新的理解或觀點。

（四）美國的作法

美國知名兒童節目，芝麻街，也提供許多教育資源和學習活動，以幫助弱勢學生自律學習。其中，Sesame Workshop 是負責開發這些教育資源和學習活動的單位。他們提供的教育資源包括數學、閱讀、科學、文化和社交等方面的內容。例如，他們推出的"Math is Everywhere"系列課程，幫助學生透過日常生活中的數學應用，學習基礎的數學概念，例如計數和分類等。此外，他們還提供閱讀方面的內容，透過這些教材，學生可以進一步發展閱讀技能和提高閱讀水平。除了提供這些教育資源外，他們也推出了一些學習活動，例如"Learning Moments"，讓學生透過遊戲和互動，學習不同的主題和技能。此外，他們還推出了一些手機應用程式，例如"Cookie Monster's Challenge"

和"Elmo Loves 123s"，讓學生可以在家中透過手機進行學習。芝麻街的教育資源是透過不同的方式和渠道接觸到弱勢學生的，例如透過學校、圖書館、幼兒園、公共電視台等機構和組織來推廣。芝麻街也通過社交媒體和網站等方式，讓家長和孩子們知道可以去哪裡尋找和使用這些教育資源。在幫助學生評量自己的學習成效方面，芝麻街為學生提供了不同的學習評估和測試，以便他們能夠了解自己的學習進度和需要進一步加強的領域。例如，芝麻街的網站提供了各種適合幼兒和兒童的線上遊戲、互動活動、教育影片和教育資源，這些內容通常配有學習目標和學習評估，讓學生能夠了解自己學習的成效和進度。此外，芝麻街還提供了家長和教師指南，以幫助他們更好地協助孩子的學習和評估學習成效。

（五）臺灣的作法

在教師訓練方面，國家需要提供全面的教育科技培訓，以幫助教師掌握最新的科技應用和教學策略，並能夠將科技融入到教學實踐中。此外，國家還需要建立一個完善的教育科技評估和反饋系統，以便教師持續改進自己的教學方式和方法。以臺灣為例，教育部在 2018 年推出的數位學習精進方案，旨在推動學校數位轉型，提升教學品質和學生學習成效。這項方案不僅推行補助數位學習設備、推動數位教學、推動數位學習機制以及推廣開放教育資源，更重視提升師資專業發展。臺灣教育部透過辦理多種數位學習工作坊，讓教師能於教學之餘的時間

學習新興教學議題、自律學習教學方法以及平板電腦融入教學的學習模式等。因此，這個推動方案更啟動專家諮詢網絡，透過教師與專家在每一次自律學習課程的規劃、籌備以及實施時的互動交流，精進教師數位教學的專業能力。另外，臺灣教育部更成立多個輔導計畫團隊，透過輔導團隊長期數位學習的研究經驗與教學成果，給予教師多種互相交流分享數位教學經驗和成果的管道。最後，臺灣教育部亦透過制度化的方式，推動教育科技專業能力的認證，例如數位學習講師以及自律學習講師等。他們設計了相關的發展課程與證照制度，鼓勵教師依循課程對自己的教學能力以及教學策略理論進行提升，並成為該地區的核心教學人物。

　　在這個方案推動上，更加重視教師自律學習教學活動的課程設計。依據「十二年國民基本教育」課程綱要，臺灣近期培養學生核心素養，強調「自主行動」及「溝通互動」。除了注重教師在課堂中鼓勵學生自主以及同儕溝通外，教育部更鼓勵學校運用數位學習平台輔助自律學習活動，增進教師教學以及學生學習品質。

　　在這個計畫中，自律學習強調學生在課堂中，與教師共同制定教學目標，並針對學習活動進行監督與反思。為引導學生進行後設認知思考，如 Lim 與 Baildon（2022）的研究，鼓勵學生在學習活動後進行反思。而為了加強學生自律學習的效率，臺灣教育部鼓勵教師在課堂中運用數位學習平台進行教學，支援課堂中的學生自學、組內共學、組間互學以及教師導學。學生自學是學生運用數位學習平台先進行自學，例如觀看

影片、找尋資料、填寫學習單或進行學習評量等；用途在於訓練學生自己讀取訊息以及組織內容，為後續的課堂活動進行準備。組內共學以及組間互學，是讓學生可以實際參與課堂討論、任務解決或者專題製作，透過小組的分工與合作學習，來完成學習任務。完成的成果，學生將在課堂中進行成果分享，同儕可以在此時互相給予建議或提問。當然，組間互學更可以以學生的學習成果當作基礎，進行更進階的學習活動，例如對同學的專題成果進行評分、改變他組的學習成果或將他組的內容與自己組的內容進行組合等。最後，教師導學，是讓教師在課程結束前，針對學生的學習成果進行總結；過程可能針對認知問題的指導，亦有可能是針對後設認知問題的討論。藉由這個導學，引導學生回顧整個課程活動，以確認自己自律行為的效率。

圖 8　臺灣推動科技輔助自律學習的模式
學生自學、組內共學、組間互學、教師導學

參考文獻

van Alten, D. C. D., Phielix, C., Janssen, J., & Kester, L. (2020).
　　Self-regulated learning support in flipped learning videos
　　enhances learning outcomes. *Computers & Education, 158*,
　　Article 104000. https://doi.org/10.1016/j.compedu.2020.
　　104000

Aguilar, S. J., Karabenick, S. A., Teasley, S. D., & Baek, C. (2021). Associations between learning analytics dashboard exposure and motivation and self-regulated learning. *Computers & Education, 162*, Article 104085. https://doi.org/10.1016/j.compedu.2020.104085

Aleven, V., Stahl, E., Schworm, S., Fischer, F., & Wallace, R. (2003). Help seeking and help design in interactive learning environments. *Review of educational research, 73*(3), 277-320.

Anderson, E. S., Winett, R. A., & Wojcik, J. R. (2007). Self-regulation, self-efficacy, outcome expectations, and social support: social cognitive theory and nutrition behavior. *Annals of behavioral medicine, 34*(3), 304-312.

Azevedo, R., & Cromley, J. G. (2004). Does training on self-regulated learning facilitate students' learning with hypermedia?. *Journal of educational psychology, 96*(3), 523.

Bandura, A. (1986). *Social foundations of thought and action: A social cognitive theory.* Englewood Cliffs, NJ: Prentice-Hall, Inc

Bandura, A., & Cervone, D. (1986). Differential engagement of self-reactive influences in cognitive motivation. *Organizational behavior and human decision processes, 38*(1), 92-113.

Barnard, L., Lan, W. Y., To, Y. M., Paton, V. O., & Lai, S. L. (2009). Measuring self-regulation in online and blended learning environments. *The internet and higher education*, *12*(1), 1-6.

Bennett, S., Maton, K., & Kervin, L. (2008). The 'digital natives' debate: A critical review of the evidence. *British Journal of Educational Technology, 39*(5), 775-786. https://doi.org/10. 1111/j.1467-8535.2007.00793.x

Rienties, B., Tempelaar, D., Nguyen, Q., & Littlejohn, A. (2019). Unpacking the intertemporal impact of self-regulation in a blended mathematics environment. *Computers in Human Behavior, 100*, 345-357. https://doi.org/10.1016/j.chb.2019. 07.007

Borkowski, J. G., Carr, M., & Pressley, M. (1987). "Spontaneous" strategy use: Perspectives from metacognitive theory. *Intelligence, 11*(1), 61-75.

Brown, G. T., Peterson, E. R., & Yao, E. S. (2016). Student conceptions of feedback: Impact on self-regulation, self-efficacy, and academic achievement. *British Journal of Educational Psychology, 86*(4), 606-629.

Chen, C. H., & Chiu, C. H. (2016). Collaboration Scripts for Enhancing Metacognitive Self-regulation and Mathematics Literacy. *International Journal of Science and Mathematics Education, 14*(2), 263-280. https://doi.org/10.1007/s10763-

015-9681-y

Chen, X. L., & Hu, J. (2020). ICT-related behavioral factors mediate the relationship between adolescents' ICT interest and their ICT self-efficacy: Evidence from 30 countries. *Computers & Education, 159*, Article 104004. https://doi.org/10.1016/j.compedu.2020.104004

Doo, M. Y., Bonk, C. J., & Kim, J. (2021) An investigation of under-represented MOOC populations: motivation, self-regulation and grit among 2-year college students in Korea. *Journal of Computing in Higher Education.* https://doi.org/10.1007/s12528-021-09270-6

Gasevic, D., Dawson, S., Rogers, T., & Gasevic, D. (2016). Learning analytics should not promote one size fits all: The effects of instructional conditions in predicting academic success. *Internet and Higher Education, 28*, 68-84. https://doi.org/10.1016/j.iheduc.2015.10.002

Hooshyar, D., Kori, K., Pedaste, M., & Bardone, E. (2019). The potential of open learner models to promote active thinking by enhancing self-regulated learning in online higher education learning environments. *British Journal of Educational Technology, 50*(5), 2365-2386. https://doi.org/10.1111/bjet.12826

Hwang, G.-J., Wang, S.-Y., & Lai, C.-L. (2021). Effects of a social regulation-based online learning framework on students' learning achievements and behaviors in mathematics. *Computers & Education*, *160*, 104031. https://doi.org/ https://doi.org/10.1016/j.compedu.2020.104031

Jiang, Z. H., Wu, H. B., Cheng, H. Q., Wang, W. M., Xie, A. N., & Fitzgerald, S. R. (2021). Twelve tips for teaching medical students online under COVID-19. *Medical Education Online, 26*(1), Article 1854066. https://doi.org/10.1080/ 10872981.2020.1854066

Kauffman, D. F. (2004). Self-regulated learning in web-based environments: Instructional tools designed to facilitate cognitive strategy use, metacognitive processing, and motivational beliefs. *Journal of educational computing research*, *30*(1-2), 139-161.

Kim, M. K., Lee, I. H., & Kim, S. M. (2021). A longitudinal examination of temporal and iterative relationships among learner engagement dimensions during online discussion [Article]. *Journal of Computers in Education, 8*(1), 63-86. https://doi.org/10.1007/s40692-020-00171-8

Klein, P., Ivanjek, L., Dahlkemper, M. N., Jelicic, K., Geyer, M. A., Kuchemann, S., & Susac, A. (2021). Studying physics during the COVID-19 pandemic: Student assessments of learning achievement, perceived effectiveness of online recitations, and online laboratories. *Physical Review Physics Education Research, 17*(1), Article 010117. https://

doi.org/10.1103/PhysRevPhysEducRes.17.010117

Kuo, T. M., Tsai, C. C., & Wang, J. C. (2021). Linking web-based learning self-efficacy and learning engagement in MOOCs: The role of online academic hardiness. *The Internet and Higher Education, 51*, 100819.

Lai, C.-L. (2020). From organization to elaboration: relationships between university students' online information searching experience and judgements. *Journal of Computers in Education, 7*(4), 463-485. https://doi.org/10.1007/s40692-020-00163-8

Lai, C. L. (2022). Trends and research issues of technology-enhanced self-regulated learning in the mobile era: a review of SSCI journal articles. *International Journal of Mobile Learning and Organisation, 16*(2), 150-172. https://doi.org/10.1504/ijmlo.2022.121879

Lan, P. S., Liu, M. C., & Baranwal, D. (2021). Applying contracts and online communities to promote student self-regulation in English learning at the primary-school level. *Interactive Learning Environments.* https://doi.org/10.1080/10494820.2020.1789674

Lavi, R., Shwartz, G., & Dori, Y. J. (2019). Metacognition in Chemistry Education: A Literature Review. *Israel Journal of Chemistry, 59*(6-7), 583-597. https://doi.org/10.1002/ijch.201800087

Lee, D., Watson, S. L., & Watson, W. R. (2020). The Influence of

Successful MOOC Learners' Self-Regulated Learning Strategies, Self-Efficacy, and Task Value on Their Perceived Effectiveness of a Massive Open Online Course. *International Review of Research in Open and Distributed Learning, 21*(3), 81-98.

Lim, S. H., & Baildon, M. (2022). Understanding self-regulated learning in Singapore's social studies classrooms. *Learning: Research and Practice, 8*(1), 25-41.

Marulis, L. M., & Nelson, L. J. (2021). Metacognitive processes and associations to executive function and motivation during a problem-solving task in 3-5 year olds. *Metacognition and Learning, 16*(1), 207-231. https://doi.org/10.1007/s11409-020-09244-6

Meichenbaum, D. (2017). Teaching thinking: A cognitive-behavioral perspective. In *The evolution of cognitive behavior therapy* (pp. 69-88). Routledge.

Narciss, S., Proske, A., & Koerndle, H. (2007). Promoting self-regulated learning in web-based learning environments. *Computers in human behavior, 23*(3), 1126-1144.

Perry, N. E., Phillips, L., & Hutchinson, L. (2006). Mentoring student teachers to support self-regulated learning. *The elementary school journal, 106*(3), 237-254.

Pressley, M., Forrest-Pressley, D. L., Elliott-Faust, D., & Miller, G. (1985). Children's use of cognitive strategies, how to teach strategies, and what to do if they can't be taught. In *Cognitive learning and memory in children* (pp. 1-47). Springer, New York, NY.

Pardo, A., Han, F. F., & Ellis, R. A. (2017). Combining University Student Self-Regulated Learning Indicators and Engagement with Online Learning Events to Predict Academic Performance. *IEEE Transactions on Learning Technologies, 10*(1), 82-92. https://doi.org/10.1109/tlt. 2016.2639508

Rezaee, A. A., Alavi, S. M., & Razzaghifard, P. (2020). Mobile-based dynamic assessment and the development of EFL students' oral fluency. *International Journal of Mobile Learning and Organisation*, *14*(4), 511-532.

Schunk, D. H. (1995). Self-efficacy and education and instruction. In *Self-efficacy, adaptation, and adjustment* (pp. 281-303). Springer, Boston, MA.

Shea, P., & Bidjerano, T. (2012). Learning presence as a moderator in the community of inquiry model. *Computers & Education*, *59*(2), 316-326.

So, H. J., Kim, I., & Looi, C. K. (2008). Seamless mobile learning: Possibilities and challenges arising from the Singapore experience. *Educational Technology International*, *9*(2), 97-121.

Villavicencio, F. T., & Bernardo, A. B. (2016). Beyond math

anxiety: Positive emotions predict mathematics achievement, self-regulation, and self-efficacy. *The Asia-Pacific Education Researcher*, *25*(3), 415-422.

Vilkova, K., & Shcheglova, I. (2021). Deconstructing self-regulated learning in MOOCs: In search of help-seeking mechanisms. *Education and information Technologies*, *26*, 17-33.

Vygotsky, L. S. (1962). Thought and language. Cambridge, MA: MIT Press.

Wan, Z. H., Lee, J. C.-K., Yan, Z., & Ko, P. Y. (2021). Self-regulatory school climate, group regulation and individual regulatory ability: towards a model integrating three domains of self-regulated learning. *Educational Studies*, 1-16. https://doi.org/10.1080/03055698.2021.1894093

Wang, T. H. (2011). Developing Web-based assessment strategies for facilitating junior high school students to perform self-regulated learning in an e-Learning environment. *Computers & Education*, *57*(2), 1801-1812.

Wei, X. M., Saab, N., & Admiraal, W. (2021). Assessment of cognitive, behavioral, and affective learning outcomes in massive open online courses: A systematic literature review. *Computers & Education, 163*, Article 104097. https://doi.org/10.1016/j.compedu.2020.104097

Xiao, J., Tan, E., Li, X., Cao, M., & Specht, M. (2020). Using social media in mobile MOOC for teacher professional development. *International Journal of Mobile Learning and Organisation, 14*(4), 492-510.

Zahn, C., Hesse, F. W., Klages, B., Pea, R., & Rosen, J. (2008). Advanced digital video technologies as "design tools": Conditions for effective collaboration and self-regulated learning in the classroom. *International Journal of Psychology, 43*(3-4), 526-526. <Go to ISI>://WOS: 000259264306189

Zheng, J., Xing, W., & Zhu, G. X. (2019). Examining sequential patterns of self-and socially shared regulation of STEM learning in a CSCL environment. *Computers & Education, 136*, 34-48. https://doi.org/10.1016/j.compedu.2019.03.005

Zimmerman, B. J. (1986). Becoming a self-regulated learner: Which are the key subprocesses?. *Contemporary educational psychology, 11*(4), 307-313.

Zimmerman, B. J. (1989). A social cognitive view of self-regulated academic learning. *Journal of educational psychology, 81*(3), 329.

Zimmerman, B. J. (2002). Becoming a self-regulated learner: An overview. *Theory into practice, 41*(2), 64-70.

Zimmerman, B. J., Bonner, S., & Kovach, R. (1996). *Developing self-regulated learners: Beyond achievement to self-efficacy*. American Psychological Association.

Zimmerman, B. J., & Moylan, A. R. (2009). Self-regulation: Where metacognition and motivation intersect. In *Handbook of metacognition in education* (pp. 311-328). Routledge.

Zimmerman, B. J., & Schunk, D. H. (Eds.). (2001). *Self-regulated learning and academic achievement: Theoretical perspectives*. Routledge.

第二章　自律學習的相關理論與應用

　　自律學習的研究起源來自於認知心理學，注重於個體在學習過程的認知與後設認知的概念與功能（Zimmerman & Moylan，2009）。研究者進行研究的場域通常是學校環境，他們探討著在學習環境下，學生會有哪一些自律學習的表現。他們發現，學生會在學習過程設定自我學習目標，監控自己的學習認知與後設認知，並進行調節。而在目標設定時，自我效能、自我決定論以及動機理論等左右學生執行目標的起點高度；過程中的後設認知及社會認知理論等引導學生在其中進行調節與約束自己的學習。在本章節，我們將針對自律學習背後可能涉及的學習理論進行討論。

一、社會認知理論

圖 9　三元學習論：個體、行為、環境

行為→環境：個人執行這項行為，進而帶動周遭的人事物改變。

環境→行為：周遭的人事物改變，會引發個體的觀察而可能改變其行為。

行為→個人：個人因行為而獲得的後果可能影響個體對事情的態度與認知。

個人→行為：個人對事物的看法影響他們的學習行為（努力或學習策略）。

個人→環境：個人對事物的看法影響環境周遭事物的看法或行為。

環境→個人：周遭事物的改變，影響個人對事物的看法。

　　社會認知理論源於 Bandura（1977）的社會學習理論，強調個體在社會環境中通過觀察和模仿他人獲得新行為。這種學習過程不僅包括行為觀察，還涉及觀察獎勵和懲罰，稱為替代強化（vicarious reinforcement）。在這理論下，個體經常因行為驅動而受到獎勵會導致其樂意持續該行為；另，當受到懲罰時，該行為則可能停止。社會認知理論擴展了傳統行為理論，轉而認為人類學習是個體與其社會環境之間持續交互作用的過

程。自出生以來，個體不知不覺地學習他人的行為，逐漸成為
家庭和社會所接受的個體。因此，社會認知論強調通過觀察他
人，我們可以學習並掌握自己行為的控制。

　　Bandura（1977）的社會認知理論（Social Cognitive Theory）
進一步闡述了個人知識獲取的途徑，強調學習過程中，社會互
動、經驗和觀察他人的重要性。這個理論認為，當人們觀察到
一個行為模型以及該行為所帶來的後果時，他們會記住事件的
順序，並將這些信息用來指導自己的後續行為。除了環境因素
之外，Bandura 強調，個人對環境中的人、事、物的認識和看
法對學習行為也具有重要影響，這三者共同確定了學習到的行
為。因此，社會學習理論提出了三元學習論（Triadic Theory of
Learning），即環境、個體與行為三個因素；突顯了這三個因
素在學習過程中的關聯和相互作用，以及他們如何在教育上引
起作用。

　　社會認知理論的主要貢獻之一是它對建模過程的解釋
（Bandura，1969，1989；Rosenthal & Bandura，1978；Schunk，
1987）。

（一）行為

　　當觀察者和模型配對時，建模不會自動發生。觀察者必須
關注模型並有動力向它們學習。而因為這個動機，學習者會開
始產生新的想法。這些新的想法會驅動學生規劃與想像未知的
未來；接著，他們會為了這個未來而付諸行動。在行動後，他
們會基於自己在過程中的行為、思考以及感受而進行反思。而

社會認知模型的主要核心是自我系統中心，學習者對自我認知結構的感受、評估與比較，而反覆地進行。

（二）個人

社會認知理論所謂的個人，強調是個人內在的表徵，例如個人對目標的渴望程度以及自我效能等。這些表徵會驅動一個人的信念，而去創造個人的價值。這也是為什麼，我們經常看到成功的人，他們會展現無比的毅力與自信。這些人對於目標或成果，有高度的自我效能，認為這個目標是可行，且可以成功的。此外，他們在付諸行動的過程，會不斷修正行動與反思；除了是讓這座工廠有更有效的生產效能外，他更是在增加自己的信心。這個自信不僅來自於產出更好的產品，更是肯定自己對個人偏好與習性更為了解的自信。

（三）環境

社會認知理論亦表明，環境是一個重要的形塑個人表現的因素。以一位學習者而言，他在生活中會有許多的學習情境，例如：在一般教室接受講授式教學、與他人共同討論及合作或獨立完成實驗演練等。他可能會在不同的場域、不同的活動、不同的人乃至於與不同的資訊媒體進行互動。而，當一個人準備為自己的努力付諸行動時，他會在各種場域、活動以及人員之間進行平衡的選擇；這些選擇的考量，都是為了能完成學習目標。

　　Bandura 為我們提供了一個理解人類學習行為的多元框架，強調了環境因素、個人對環境的認知以及個人行為之間的相互作用。這一理論對教育實踐具有指導意義，有助於我們開發更有效的教學方法和策略，激發學習者的潛能，促進他們的成長和發展。

二、自我效能

　　自我效能是社會認知理論中的一個重要概念，它指的是個人對於自己能夠執行特定任務的信心和能力（Bandura，1991）。這種信心程度通常會受到個人過去的經驗和實際能力的影響；而自我效能會影響個人在行為、思考、情感、堅持與成就等各方面的表現，包含：工作、學習、運動等領域。自我效能也是動機信念中各種成就的最佳預測指標，在社會認知理論中扮演了重要的腳色。

（一）自我效能參與學習活動的歷程

　　Zimmerman 等人（1992）指出，自我效能在啟動學習過程中的關鍵作用，包括認知、動機、情感和選擇。Corno 與 Mandinach（1983）曾經拆解自我效能參與一個學習活動的歷程，並由 Cook 與 Artino（2016）組合成圖 10 的歷程。在學習活動前，學生的自我效能基礎是來自於他過去的學習經驗、學習能力以及社會支持狀態。他會帶著他過去的自我效能，來參

與下一個學習任務。在任務中，自我效能會受影響。而影響的
來源，當然最重要的，是任務因素。這個任務所隱藏的目的、
因素、策略、教學方法、回饋性質、目標以及獎勵等，都會影
響自我效能。在任務期間和任務完成後，學習者會感知和解讀
提示，並從結果確認自己的完成狀況，以進一步形塑自己對相
似事件的自我效能。當任務因素進來後，調節當前的自我效能
機制會啟動。而這個啟動，最具影響力的是學習者對這個任務
的掌握程度以及他過去的經驗。此外，學習者亦會解讀他人的
行為與回饋，做為說服自己提高或降低自我效能的可信理由。
最後，經歷這個任務之後的生／心理反應，也會參與調節學習
者的自我效能。這些調節的來源，也會轉而成為自我效能改變
的信號；因此，反思自我效能提升或下降的因素包含任務的表
現、歸因、回饋或說服他的內容以及生／心理反應。

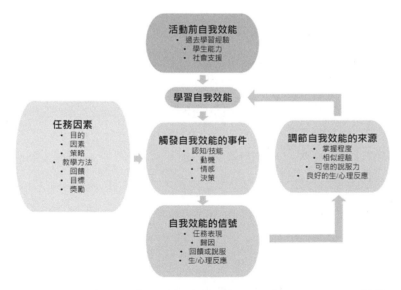

圖 10　自我效能參與活動的歷程（改編自 Cook 與 Artino(2016)的模型）

　　如果以上太抽象，我們把它換成一位棒球投手的自信心。一位投手的自信，來自於他過去的投球經驗、他的防禦力指數以及他的團隊給予他的支援；這就如同圖中的活動前自我效能。影響他投球自信的因素呢？當然就是當次投球的目的、各種狀況、對手的回饋、教練或球團的獎勵等。觸發他自我效能改變的事情就是技能表現、每次投球的動機、情緒表現以及他每次投球的決定等。若從教練的角度，如果要知道投手今天狀況如何，從投手每次投球狀況、投手給的回應（歸因）、教練或隊友給予的鼓勵內容以及投手的生／心理反應來去判斷他投球狀況。最後，投手調節他投球自信的來源包含他過去的經驗、對當下狀況的掌握程度、他接受到的回饋或鼓勵以及他今天投球的手感（生理與心理反應）。

　　而 Zimmerman，從這個基礎上，定義了一個可以匹配此模型的自律三階段：事前規劃、表現以及反思。事前規劃，是透過與自己舊經驗連結，觸及自己預先的自我效能，而嘗試規劃自己後續的學習目標。表現階段，則透過自我效能與其他個人因素影響學習者的學習參與。反思，則學生透過解讀後果、連結舊經驗以及歸因的交互作用階段，學習者透過反思，形塑自我效能。

　　從圖 10 可知，在個人生活中，有幾個影響自我效能的重要因素。首先，過去的成功或失敗表現（先前經驗）會影響個人的自我效能。成功會提高自我效能，而失敗則會降低它。第二，個人所設定的目標難度也是影響自我效能的因素之一。合適的目標能夠讓個人覺得能夠勝任，並積極參與；但是，過高的目

標可能會降低個人的自我效能感，使其感到沮喪。第三，個人
會透過觀察與自己相似的人的表現來改善自己的行為。當一個
人看到與自己相似的人透過學習而改善表現時，他們也會相信
自己有能力做到。第四，當一個可信的來源說服一個人他們有
能力學習時，這也會增強自我效能。相反，來自不可信來源的
信息可能會被忽視。第五，獎勵可以促進自我效能，尤其是當
獎勵與學生的實際成就相關時。了解自己能獲得多少獎勵，可
以為他們設定的目標提供更多的動機。最後，歸因反饋是一種
有說服力的自我效能信息來源；通過歸因，個人可以了解成功
或失敗的原因，並將這些原因與結果聯繫起來，進而對參與後
續活動有較高的信心影響。正如三元學習論所指出的，環境（他
人的成功案例、可靠的信息來源、獎勵和歸因）與行為（成功
或失敗的經驗與目標設定）是影響個人感知的重要因素。總體
而言，這些因素能夠影響一個人對自己能力和信心的信念，進
而影響他們的行為和成就。

　　Bandura（1997、1982）比較自我效能與預期效果的關係，
以及他對個體所產生的影響，如下圖 11 所示。預期效果是指一
個人相信自己能夠成功地執行並產生某些結果的程度。雖然高
自我效能的人，在事情的參與上會保持積極的行為；但會因為
個人對事物的預期效果有所差異。若高自我效能的人，有較低
的預期效果，他可能會採取積極爭取權益的方法，例如參與社
會運動、申訴或等保護機制。但如果他所面對的事物，是能採
取高預期效果，他將表現出十足的把握、適時的參與行動並進
行高認知參與。另一方面，如果個體本身對事物有較低的自我

效能，他對於事物可能都採具較保守的行為；例如，當低自我
效能的人，面對到低預期效果的事物，他可能選擇放棄、表現
無趣或推縮。而如果面對高預期效果的事物，可能會轉而貶低
自我、感到沮喪或懊惱。

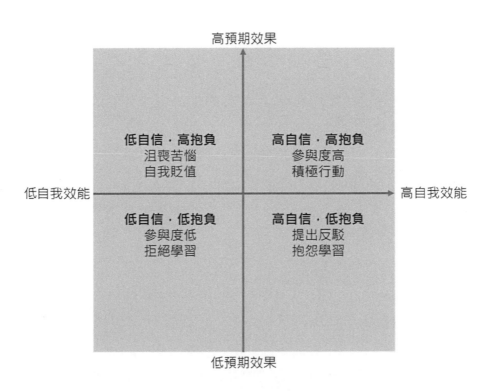

圖 11　自我效能與效果期待的關係

（二）自我效能的評估方法

　　自我效能被視為對學生的努力和任務持久性產生強烈影響
的重要因素，能夠正面預測他們的學習動機和學習成就

（Margolis & McCabe，2004；Zimmerman，2000）。學生的自我效能與他們的努力和任務持續時間呈高度相關（Bandura，1991），那些擁有高自我效能的學生往往更願意投入更多時間學習，並採用更有效的學習策略。

　　自我效能被視為評估學生學習表現的替代因素，同時也是預測學生學習表現的因素。Bandura（2006）認為，自我效能可以用量化的方式來評估，以作為教師教學或學生學習的參考。同時，他更說，使用多維學習自我效能量表來評估，能從更多元的角度來看待學習的自我效能（如同圖 10）。在教學方面，自我效能可以分為特定學科領域的自我效能和多維度能力評估的自我效能（Pajares & Schunk，2001；Ramnarain & Ramaila，2018；Vogel & Human-Vogel，2016）。這些可以幫助教師充分了解學生在學科和能力方面的信心（Hsu 等人，2007）。舉例來說，學生對科學學習的自我效能感與他們的科學學習表現（Ardura & Galán，2019；DiBenedetto & Bembenutty，2013）、學習科學的動機（Shin 等人，2017）、學習科學的概念（Zheng 等人，2018）以及學習科學的方法（Phan，2011）呈現正相關。在 Naibert 等人（2021）的研究中，他們評估了大學生的化學學習自我效能感（Chemistry self-efficacy，CSE）和學術自我效能感（Academic self-efficacy，ASE），發現學生的 CSE 增加，但 ASE 卻下降。研究結果指出了一個關鍵，即化學學習自我效能感（CSE），包括具體的任務相關項目，與學術自我效能（ASE）相比，更能準確預測學生的表現（Choi，2005）和未來的成功（Bandura，2006）。

　　另一方面，許多學者依據 Bandura（2006）的建議，開發了不同的多維學習自我效能問卷（例如 Lin 等人，2015；Shen 等人，2016）。舉例來說，Uzuntiryaki 和 Capa Aydin（2009）開發了一個大學化學自我效能量表，其中包括三個因素：認知自我效能、情感自我效能和日常應用自我效能。另一例是 Lin 和 Tsai（2013a）所開發的科學學習自我效能（Science learning self-efficacy，SLSE）問卷，包含五個因素：概念理解、高階認知技能、實際應用、日常運用和科學溝通。他們的後續研究發現，對於學習科學有較高層次概念理解的學生通常表現出較高的 SLSE（Lin & Tsai，2013b）。透過這些多維學習自我效能問卷，研究者能夠更全面地了解受試者在不同學習情境下對自己能力的信念。這些測量工具有助於深入研究學習者的自我效能感，並能進一步探討其對學習成就和行為的影響。

　　自我效能被普遍視為影響自律學習的主要因素。Zimmerman 和 Moyla（2009）指出，自我效能感在學習努力之前是動力來源，會影響學生準備和自我調節學習的意願。多項實證研究表明，自我效能與自律學習策略直接相關（Roick & Ringeisen，2018），並且它們都有助於預測學生的能力（Alghamdi 等人，2020；Greene 等人，2020；Moghadari-Koosha 等人，2020）。

三、後設認知

圖 12　專業的後設認知學習者是學習科學的科學家

　　Pintrich 與 de Groot（1990）指出，自律學習的過程涉及到認知策略和後設認知策略的參與。認知策略是學生在學習過程中所使用的知識獲取策略，而後設認知策略則指學生對於任務過程的自我意識，包括後設認知的歷程管理和策略應用（Puzziferro，2008）。後設認知的核心維度包括規劃、監控和有策略地進行活動（Azevedo 等人，2013；Graesser & McNamara，2010；Panadero，2017；Pintrich，2000；Winne & Hadwin，1998, 2008；Zimmerman，2008）。再舉投手來當作例子，一位投手要將自己的投球技術練好，除了教練開好的練

習菜單（認知策略）外，他還會有一些保養或管理生／心理健康的方法以及自己練球的偏好（後設認知策略）。比方說，身體數值的監控、每日作息的管理、每次投球球速等數據的分析、定期的休閒娛樂活動以及變化不同種投球姿勢來找到最合適自己的投球方法等。

　　規劃是自律學習循環中的預先思考階段（forethought phase），而評估和調節屬於自律學習的反思階段（Self-reflection phase）。這些技能影響學生選擇學習策略，而策略的選擇、學習任務和學習狀況之間有著相互關係。後設認知策略的應用間接影響學習表現，因為策略的運用確保了高質量的認知策略（Leopold & Leutner，2015）。高度自律學習的學生會設定學習目標，根據這些目標計劃和指導他們的學習活動，並監控他們朝著目標的進展，甚至在需要時重新評估或調整計劃和目標，並採取策略性的目標導向行為。

　　因為後設認知伴隨在自律學習循環中，這個過程是動態的，與動機和情感過程相互交織，也涉及對知識和享受程度的判斷（Azevedo 等人，2013；Panadero，2017）。例如，Winne 和 Hadwin（1998, 2008）將具有自律學習行為的學生描述為積極、目標導向的學習者，他們通過監控和運用後設認知過程來管理自己的學習，同時發現自己的自律學習行為和學習動機之間的相互作用。後設認知策略的應用涉及學生管理自己的學習資源的方法（Nolen，1988），包括控制學習時間、尋找同伴、向專家尋求幫助以及選擇學習資源（Diener & Dweck，1978；Pintrich & de Groot，1990）。Veenman 等人（2006）也認為，

後設認知策略的應用意味著學習者知道有哪些學習策略可以使用，如何有效監督和應用這些策略，以及知曉選擇不同策略所產生的影響。因此，後設認知策略的應用涉及學生對學習策略的知識，直接影響學習任務和學習內容的處理。策略的應用需要不斷地更新，以適應不同學習情境的任務（Wirth 等人，2020）。

　　Winne（2017）更進一步使用一個研究模型來描述每位自律學習者正在操控的變因。她將學習者在學習中採用的智謀和策略視為研究的自變項，而任務資訊和教學活動等為固定因子，如圖 13 所示。學生的先備知識、動機和情感是學習過程的調節變項。正向的動機表現會引導學生更積極參與學習並堅持完成任務（Bandura，1997；Diener & Dweck，1978；Nolen，1988）。學生的學習表現是這個研究的依變項。學習者的學習過程使他們成為專業的學習科學家；他們會重視這個研究的有效實施，並根據基準監督他們制定的計劃和策略的實施程度。此外，這些像科學家一樣思考的自律學習者會對他們採用的智慧和策略的有效性進行評估，並根據不同的因素（固定因子和調節變項）做出推論。最後，如果該次的策略或謀略有改進的空間，他們會根據自己的推論來調整學習（Beishuizen & Steffens，2011；Pintrich，2004；Richardson 等人，2012；Zimmerman，2008）。因此，這些後設認知歷程與策略的應用可視為自律學習的基礎，也是驅動自律學習的引擎（Winne，2018）。

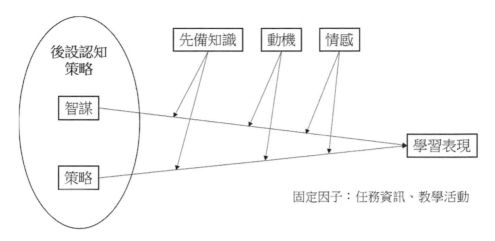

圖 13　用研究模型圖比喻學生後設認知表現的關聯性

　　而，Winne（2022）指出，專業的學習科學家能清楚掌握自己的各方面的認知學習表現和後設認知資訊。他能夠從上述的這些變因裡，嘗試控制或調整某些變因，並觀察其變化；逐步調整到最好的學習表現。然而，對於一般學習者而言，每一項改變都可能是全新的挑戰。在真實的教學情境中，課程時間很少留出時間讓學生檢查和調整後設認知策略。第二、學習者的學習通常發生在準備不足且資源有限的環境中，且缺乏依據環境等因素選擇後設認知策略的訓練機會。因此，他們很難在有限的時間內運用足夠好的學習策略來解決任務。最後，對學習者而言，後設認知處理通常並不是學生認為的學習首要任務（Winne，2022）。有效的策略應用對學習表現的重要性可能會被忽視。因此，為了騰出時間來應用後設認知策略並引導學生在不同的控制變因下探索自己的後設認知策略，教育者需要花費更多心思（Broadbent & Poon，2015）。

四、自我決定理論

Ryan 等人（1997）定義了自我決定理論（Self-determination theory），他能呈現一個人做事情的動機與個性。自我決定理論通常是在探索人們內在的成長趨勢和內在的心理需求，這些需求是發動自我動機以及個性表現的基礎，也是促成人們積極成長的條件。這個理論與我們前述提及的後設認知有關，人們身為自己的研究者，透過調整自己的動機、內心需求、方法與信念等，為自己規劃後續的成長方向。Ryan 與 Deci（2000）曾歸納，形成一個人的自我決定有三項需求：能力需求（Harter，1978）、關聯需求（Leary & Baumeister，1995）以及自主需求（Deci 等人，1975），這些需求對促進自我成長、整合以及建設性的社會發展至關重要。

Deci 和 Ryan（1985）在自我決定理論延續模型，裡面包含無動機（Amotivation）、外在動機（Extrinsic Motivation）以及內在動機（Intrinsic Motivation）。在自我決定理論裡，內在動機與外在動機不一定是相佐（Ryan & Deci，2000）；他們可以共同決定與調節學習者的行為；例如，當學習者的內在動機低落時，可以利用外在因素（如獎勵或認可等）來驅使外在動機來維持學習者的學習動機（Gagné & Deci，2005）。

外在動機是指個人從事某些行為的動機是來自於外在因素的影響，並非來自於自我決定內化後而參與的活動。依據 Gagné 與 Deci（2005）、Koestner 與 Losier（2002）及 Wang 與 Biddle（2011）的分類，外在動機的分類又可以分為：外在調節

（External regulation）、內投調節（Introjected regulation）、認同調節（Identified regulation）與整合調節（Integrated regulation）。外在調節係指因外在環境因素（酬賞）而產生行為動機，例如：「如果我這次期末考進入前三名，媽媽就會帶我出國玩」。內投調節是指當個體參與某些活動時，受到種種環境因素（認同感或罪惡感）而形成的動機，例如：「如果我再不參加這次的討論，我跟社團團員的疏離感就會變高，對我們的比賽會有影響」。認同調節個人認為參與該活動能對自我有很大的幫助而形成之動機，例如：「如果我完成這堂課並取得證照，我的正式教師之路將邁進一大步」。最後，整合調節為個體有較高的自我規範，將所有種種因素與態度進行整合，而產生的行為；例如：「多參加研習與教學觀摩，不僅能幫助我更了解教學現場的全貌，更能在未來的甄試中擁有更好的表現」，這是最接近內在動機的一種型態。在工作環境中的內在動機，不一定是來自於喜歡工作本質的內容，可能來自於工作中獲得的報酬與認可（Baard，2002）。但因外在動機而引發的行為，也不一定會因此破壞內在動機；甚至有可能因此提升內在動機（Deci 等人，1999）。在 Deci 和 Ryan（1985）自我決定理論延續模型裡，我們可以知道，一個人的行為包含動機的調控、調節的方式、促進動機的來源以及維持動機的元素。因此，自我決定理論主張，在驅使一個人開始做一件事情時，個體是否掌握與調節內在與外在動機，是重要因素。

圖 14　自我決定理論延續模型（改編自 Ryan 與 Deci(2000)之模型）

五、動機理論

　　動機是一種重要的信念，它鼓舞我們前進、推動我們工作，並協助我們完成任務。動機是發起（鼓勵）和維持（支持）一個以目標為導向的活動過程。透過影響我們的「what」（要學習什麼）、「when」（何時開始學習）以及「how」（用哪些學習方法學習）的決策，動機在我們的學習和行為上扮演著重要的腳色（Schunk，1995）。過去的研究和教學實踐都證實了動機與學習表現之間的相互關係。學習動機高的學生通常會採用更有效的學習策略，並取得更優異的學習成績（Cao 等人，2023；Marulis & Nelson，2021）。此外，學生的行為和學習內容（包括任務選擇、付出的努力、堅持不懈和成就）也會影響他們的動機程度（Pintrich，2003；Schunk，1995）。

　　根據自我決定理論（self-determination theory，SDT）所述，動機可以分為兩大類：內在動機和外在動機（Deci & Ryan，2000；Ryan & Deci，2000）。內在動機和外在動機是受到時間

和情境的影響，它們描述了人們在特定時間點對特定活動的動機特性。當學習者因為內在的興趣和滿足而從事某項活動時，我們稱之為內在動機；而當個人因為外部因素（例如獎勵或懲罰）而參與某項活動時，我們稱之為外在動機。

（一）內在動機

內在動機指的是為了活動本身而參與的動機。它不依賴於明確的獎勵或其他外部刺激。Hunt（1963）主張內在動機引發了探索行為和好奇心，並源於先前經驗與新資訊之間的不協調。內在動機的人們從事任務是因為他們覺得這個任務令人愉快。White（1995）也認為人們天生具有感到能力與環境互動的需求。成就動機的目標是獲得個人的掌握感或效能感。也就是說，具有成就動機的個體追求能力並通過掌握感來滿足。

為了增強內在動機，需要關注以下四個來源：挑戰、好奇心、控制和幻想。Harter（1981）提出，大多數行為很可能涉及到具有最適挑戰性的任務，這應該會產生最大的快樂感。成功應該會產生內在的快樂感，以及對能力和控制的認知，進而加強成就動機。在 Harters 的成就動機模型中，一些對於掌握嘗試的正面強化是必要的，以便兒童能夠發展和維持成就動機。通過足夠的強化，兒童逐漸內化了自我獎勵系統和掌握目標。我們再舉一個例子，你正在學習用氣炸鍋做各種料理，產品提供的烹飪手冊以及目前網路上找得到的任何食譜已經無法滿足你的需求。於是，你想要嘗試研發自己的氣炸鍋食譜：牛

肉餡餅。這裡會有你的挑戰跟好奇心，挑戰是這是一個未知的食譜，因為過去都無人製作過，但他每個部份的製作原理可能在其他食譜中有跡可循。你的好奇心是到底能不能用氣炸鍋完成，完成的狀態又如何呢？於是乎，你開始想像與模擬如何用氣炸鍋製作牛肉餡餅。首先，你可能會找尋相關食譜，包含：牛肉餡餅常見的製作方法及用氣炸鍋烹調肉類與烤麵包類等的方式；你開始想像整個操作過程，以及透過手邊的資料評估你對這件事情可以控制的程度。然後，經過幾次嘗試後，你終於完成用氣炸鍋製作牛肉餡餅的挑戰！你學到了氣炸鍋的進階用法，也更了解各種食物烹飪的原理。所以，這些調節內在動機的來源：挑戰、好奇心、控制與想像，對驅使一個人做一件事情是舉足輕重的腳色。內在動機被認為與個人自覺的能力和內在控制有正向關聯。相比認為自己能力較低的學生，認為自己能力較高的學生更享受任務，並展現出更強的內在動機（Schunk，1995）。

表3　調節內在動機的來源

來源	說明
挑戰	具有挑戰性的任務有助於增強內在動機。 挑戰應該在困難程度上居於中間。 完成挑戰目標告訴學習者，他們正在變得更有能力，這提高了自我效能感和對自主控制的認知。

來源	說明
好奇心	呈現給學生與他們現有知識不一致且出現令人驚訝或不協調的信息或觀點的任務。 具有好奇心的學習者認為可以填補這段差距，並有動機去處理這一段差距與學習。
控制	使學生對自己的學業成就具有控制感的任務可能會促進內在動機。 認知的控制感可以培養對表現的自我效能感。
想像	通過模擬和遊戲讓學習者參與想像和假裝的情境中。

（二）內在控制與外在控制

「控制信念（locus of control）」，根據 Rotter（1966）提出的說法，指的是個人對於自己控制生活事件的信念。自主性要求人們接受自己的優點和限制，了解作用於他們身上的力量，做出選擇，並確定滿足需求的方式。內在動機代表了人們在與環境相互作用時，對於擁有能力和自主性的渴望。它會激發人們的意願，而意願則使用內在動機的能量來滿足需求。當一個人自發地行動時，內在動機得到了滿足。許多內在動機的理論強調了對於任務參與和結果的知覺控制的概念。

控制信念的兩個重要觀點如下：內在控制與外在控制。內在控制信念高的人相信結果與其行為或個人投入有關，而外在控制信念較高的人則認為結果與其行為無關，是因超出其控制範圍的外在力量所決定。因此，外在控制信念較高的人可能認為生活事件受到運氣、機遇、命運或權勢強大的他人控制。而內在控制信念高的人更有可能在受到強化時改變自己的行為，相比之下，外在控制信念較高的人則不太會這樣做（Marks，

1998）。研究人員指出，學生在學習中擁有控制權，控制信念與動機有關。Keller 等人（1987）指出，控制信念與態度的相關性高於與學習習慣的相關性。Reiser（1980）發現，內在控制信念較高的學生，因為認為個人的行為與投入可以改變學習效果，所以他們學習的拖延時間較少。另一方面，Allen 等人（1974）表示外在控制信念與狀態焦慮呈正相關。此外，Peterson（1979）認為，內在控制信念高的人對於由學習者控制的教學表現出更大的滿意度，而外在控制信念較高的人則對由教師控制的教學環境表現出更大的滿意度。

表 4　內在控制信念與外在控制信念的比較

	內在控制信念	外在控制信念
結果成因	與個人行為與投入有關	是由外部事件影響（運氣或權勢）
接受鼓勵時	願意改變自己行為	較不願意改變自己行為
學習表現	行為與投入可改變結果，拖延頻率較低	學習焦慮較高
學習偏好	偏好以學習者為中心的教學	偏好以教師為中心的教學

（三）掌握目標與績效目標

學業目標理論假設學生的學業表現可以經由評估他們的目標取向來解釋，而這些目標取向反映在他們選擇特定任務的理由上（Dweck & Leggett，1988）。Elliot 與 McGregor（2001）分類了不同類型的學生目標取向，例如：接近掌握目標、迴避

掌握目標、接近績效目標和迴避績效目標。其中，學業目標取向包括接近掌握目標與接近績效目標，與學生的成就成績呈正相關（Hulleman 等人，2010 年）。

表 5　掌握目標與績效目標的比較

		掌握(Mastery)	績效(Performance)
接近(Approach goal)	歸因	積極，希望掌握任務	積極，嘗試超越他人
	自我效能	積極	積極
	情緒	積極	積極
	認知	深層策略	淺層策略
	自律表現	積極	積極
迴避(Avoidance goal)	歸因	積極，避免無法掌握的目標	消極，避免落後於人
	自我效能	積極	消極
	情緒	積極	焦慮
	認知	深層策略	淺層策略
	自律表現	積極	消極

目標描述個人的成就目標，它也是對動機、認知和行為結果的重要影響因素。掌握目標導向與積極的歸因模式以及自律的策略相關（Dweck & Leggett，1988）。Kim 等人（2021）認為，具有接近掌握目標的學生，希望掌握任務並提高自己的能力，他們的滿意度與任務本身相關，因此他們會盡力掌握這項任務。但如果是擁有迴避掌握目標的學生，他們會希望避免不可控的任務，即使他們在未掌握任務的情況下逃避，他們也會

感到滿意。

　　關於接近掌握目標或迴避掌握目標可能聽起來抽象，讀者可想像，在教室裡都有數學學習表現好的學生。有些人很喜歡數學，他樂於挑戰，會自己先往課本後面的數學題進行解題，他們可能就是掌握目標導向的學生。但有些學生他們也喜歡數學，但他們會害怕面對未知的題目；如果要解題，他們會等到老師教完那個單元後才開始解題，但每一題都能成功解決，他們可能就屬於迴避掌握目標的學生。但無論是接近還是迴避，傾向於掌握目標的學生在面對困難時，會保持積極的自我效能信念。因此，他們會以自己的進步來詮釋反饋，從而支持他們的自我效能信念。掌握目標也與對學習任務的內在興趣、積極態度以及認知表現的結果相關；這包括促進認知深層處理的策略以及各種後設認知與自律策略。那些以掌握為導向的學生，更會試圖監控他們的認知，以詳細解釋自己的學習方法並重組自己的學習策略。由此可知，一個對掌握目標表現積極的學生，他們自律學習的時間、努力以及尋求協助的方法呈現正相關。

　　相比之下，具有接近績效目標的學生，會試圖通過贏得競爭來展示自己的能力，他們的滿意度與自己的表現超越他人有關。如同，在數學課上，要努力想要獲得高分的學生，他們也會努力解題，所以他們展現出來的表現可能會與掌握目標的學生相似。績效目標較高的學生，可能會以避免努力來保護他們的能力。接近績效目標的學生對能力的感知與能力表現呈正相關。因為那些對自我效能有較高感知的學生在超越他人並展示自己的高能力方面取得成功。接近績效目標的學生，不一定有

較低的興趣、內在動機或任務參與度。但績效目標與學生使用
較深層認知策略呈負相關，這是可預期的；因為學生是為了超
越他人或獲得優越的殊榮，這是使得他們易遠離使用更深層的
認知策略。然而，他們還是有可能會採用深層的自律策略；尤
其當他發現周遭沒有提供他任何挑戰時，他會再去尋找其他挑
戰來做為目標，進而改進自己。然而，面對困難時，接近績效
目標的學生不太會尋求幫助，因為他們認為這樣做會對他們的
能力產生負面影響。

最後，具有迴避績效目標的學生（例如，害怕數學且學習
表現不佳的學生），會試圖避免表現低於他人。研究人員表明，
績效目標導向與消極的歸因模式（低自信）相關聯（Dweck &
Leggett，1988）。迴避績效目標學生的自我效能與能力呈現負
相關；他們對自己的能力存在自我懷疑或擔憂。而且，他們的
內在動機和學習表現產生負面影響，使得他們通常對測驗和表
現感到更焦慮。

六、社會認知期望值模型

社會認知期望值模型是一個描述人們做出行為決策的理論
模型。在這個模型中，表現人們做出行為決策時考慮的多個因
素，包括對行為結果的期望值、期望值的強度、行為價值觀念
以及價值觀念的重要程度。這個模型的應用非常廣泛，可以應
用於教育、健康和職業生涯等領域。例如，教育工作者可以利

用這個模型來設計更有效的學習策略，醫療工作者可以利用這個模型來促進患者的健康行為，而職業生涯輔導員也可以利用這個模型來幫助學生做出職業規劃決策。

期望是人們對他們成功完成任務的能力的信念和判斷。例如，如果一個人期望學習某個技能以增加他的就業競爭力，他就會更有動力去學習這個技能。期望值的強度也是很重要的，如果一個人對於學習這個技能的期望值非常高，那麼他會更加關注學習這個技能的過程和結果。此外，行為價值觀念也是影響人們行為決策的重要因素。行為價值觀念是指人們對於某個行為的好壞、對錯的看法，如果一個人認為某個行為是對的，他就更有動力去執行這個行為。然而，價值觀念的重要程度也是很重要的，如果一個人非常重視某個價值觀念，他就會更加關注這個價值觀念，並在行為決策中加以考慮。

另一方面，任務價值觀的組成包含目標價值、內在興趣或內在價值、有用性和代價。目標價值（可參考前述的掌握與績效目標），定義為個體面對任務的態度；內在價值是指人做某些事情體驗到的興趣；有用性是代表這個任務對個人未來的有用性。最後，代價是指參與這個任務可能引起的負面現象，如焦慮與失敗的恐懼。每個組成部分都會影響學生整體的成就行為，例如選擇、堅持和實際成就。價值觀是指學生對他們可能從事某項任務的原因的信念。在動機的期望價值理論中，期望和價值觀對於預測學生都很重要，可以預測學生未來的選擇行為、投入、堅持和實際成就。Atkinson（1957, 1964）制定了成就動機理論，將需求、期望和價值觀結合成一個完整的框架。

他將行為劃分為具有三個組成部分的乘法函數：動機、成功機率和獎勵價值（行為=動機×成功機率×獎勵價值）。以心理學而言，人們的認知、情感以及經驗會形塑一個人的動機；形成後的動機相對穩定且持久，具有個別差異。例如，某些人可能會有強烈的追求成功的動機，而另一些人則可能更加害怕失敗。這些動機可能會對人們的目標設定、努力和表現產生深遠的影響。

基本上，成就動機可以分兩種基本導向：成功動機以及失敗恐懼。Covington（1992）更進一步的運用成就需求矩陣模型，描述個體在這兩種成就動機牽引下所產生的人格特質，如表 6 所示。Weiner's（1992）的研究發現，具有高成功動機和低失敗恐懼的個人會選擇中等難度的任務。而對於成功動機較弱的學生，他們會選擇非常容易或非常困難的任務，以保護自己。也就是說，當一個人有很強的尋求成功的動機，且有較低害怕失敗的動機，那這位學生是一位具成功導向特質的學生。他尋求成功的目標強烈，面對困難或挑戰不選擇逃避，能勇於接受挑戰。但反觀，如果一位尋求成功動機強烈的人，卻相當害怕失敗，他可能會成為一位過度努力的學習者。

表 6　成功動機與失敗恐懼的交互影響

		成功動機	
		弱	強
失敗恐懼	弱	無法設定有效目標 對於每一次失敗不表示在乎	設定適中的任務目標 勇於面對失敗
	強	設定過低的任務目標 十分在意每一次失敗的發生	設定過高的任務目標 十分在意每一次失敗的發生

　　另一方面，如果一個人尋求成功的動機低落，且害怕失敗的動機較弱，他無法對自己設定有效的學習目標，並不在乎任何一次失敗的結果；恐成為一位消極的學習者。最後，如果這位尋求成功動機低落的人，他害怕失敗的態度又很強烈，他面對任何微小的事物，都將無法輕易做出決定，因為他會避免任何一次的失敗。對自己的能力有積極自我認知和對成功有積極期望的學生更有可能表現得更好，學得更多，並通過付出更多的努力、堅持更長時間和表現出更多的認知參與來以適應性的方式參與學術任務。此外，對學術任務重視和感興趣的學生在未來更有可能選擇類似的任務，並且表現得更好，學得更多，並且更有適應性地參與任務。

參考文獻

Alghamdi, A., Karpinski, A. C., Lepp, A., & Barkley, J. (2020). Online and face-to-face classroom multitasking and academic performance: Moderated mediation with self-efficacy for self-regulated learning and gender. *Computers in Human Behavior*, *102*, 214-222.

Allen, G. J., Giat, C., & Cherney, R. J. (1974). Locus of control, test anxiety, and student performance in a personalized instruction course. *Journal of Educational Psychology*, *66*(6), 968.

Ardura, D., & Galán, A. (2019). The interplay of learning approaches and self-efficacy in secondary school students' academic achievement in science. *International Journal of Science Education*, *41*(13), 1723-1743.

Atkinson, J. W. (1964). An introduction to motivation. Van Nostrand.

Atkinson, J. W. (1957). Motivational determinants of risk-taking behavior. *Psychological review*, *64*(6p1), 359.

Azevedo, R., Harley, J., Trevors, G., Duffy, M., Feyzi-Behnagh, R., Bouchet, F., & Landis, R. (2013). Using trace data to examine the complex roles of cognitive, metacognitive, and emotional self-regulatory processes during learning with multi-agent systems. *International handbook of metacognition and learning technologies*, 427-449.

Baard, P. P. (2002). Intrinsic need satisfaction in organizations: A motivational basis of success in for-profit and not-for-profit settings. *Handbook of self-determination research, 2,* 255-275.

Bandura, A. (1977). Self-efficacy: Toward a unifying theory of behavioral change. *Psychological Review, 84*(2), 191-215. https://doi.org/10.1037/0033-295X.84.2.191

Bandura, A. (1982). Self-efficacy mechanism in human agency. *American psychologist, 37*(2), 122.

Bandura, A. (1986). *Social foundations of thought and action: A social cognitive theory.* Englewood Cliffs, NJ: Prentice-Hall, Inc

Bandura, A. (1991). Social cognitive theory of self-regulation. *Organizational behavior and human decision processes, 50*(2), 248-287.

Bandura, A. (2006). Guide for constructing self-efficacy scales. *Self-efficacy beliefs of adolescents, 5*(1), 307-337.

Beishuizen, J., & Steffens, K. (2011). A conceptual framework for research on self-regulated learning. In *Self-regulated learning in technology enhanced learning environments* (pp. 1-19). Brill.

Broadbent, J., & Poon, W. L. (2015). Self-regulated learning strategies & academic achievement in online higher education learning environments: A systematic review. *The internet and higher education, 27,* 1-13.

Cao, Y., Gong, S.-Y., Wang, Y.-Q., Zheng, Q., & Wang, Z. (2023). How to provide competitors in educational gamification: The roles of competitor level and autonomous choice. *Computers in Human Behavior*, *138*, 107477. https://doi.org/https://doi.org/10.1016/j.chb.2022.107477

Choi, N. (2005). Self-efficacy and self-concept as predictors of college students' academic performance. *Psychology in the Schools*, *42*(2), 197-205.

Cook, D. A., & Artino Jr, A. R. (2016). Motivation to learn: an overview of contemporary theories. *Medical education*, *50*(10), 997-1014.

Covington, M. V. (1992). *Making the grade: A self-worth perspective on motivation and school reform*. Cambridge University Press.

Deci, E. L., Cascio, W. F., & Krusell, J. (1975). Cognitive evaluation theory and some comments on the Calder and Staw critique.

Deci, E. L., Koestner, R., & Ryan, R. M. (1999). A meta-analytic review of experiments examining the effects of extrinsic rewards on intrinsic motivation. *Psychol Bull*, *125*(6), 627-668; discussion 692-700. https://doi.org/10.1037/0033-2909.125.6.627

DiBenedetto, M. K., & Bembenutty, H. (2013). Within the pipeline: Self-regulated learning, self-efficacy, and socialization among college students in science courses. *Learning and Individual Differences*, *23*, 218-224.

Diener, C. I., & Dweck, C. S. (1978). An analysis of learned helplessness: Continuous changes in performance, strategy, and achievement cognitions following failure. *Journal of personality and social psychology, 36*(5), 451.

Dweck, C. S., & Leggett, E. L. (1988). A social-cognitive approach to motivation and personality. *Psychological review, 95*(2), 256-273.

Elliot, A. J., & McGregor, H. (2001). A 2 x 2 achievement goal framework. *Journal of Personality and Social Psychology, 80,* 501-519.

Gagné, M., & Deci, E. L. (2005). Self-determination theory and work motivation. *Journal of Organizational Behavior, 26*(4), 331-362. https://doi.org/https://doi.org/10.1002/job.322

Graesser, A., & McNamara, D. (2010). Self-regulated learning in learning environments with pedagogical agents that interact in natural language. *Educational Psychologist, 45*(4), 234-244.

Greene, C. M., & Murphy, G. (2020). Individual differences in susceptibility to false memories for COVID-19 fake news. *Cognitive research: principles and implications, 5*(1), 1-8.

Harter, S. (1978). Effectance motivation reconsidered. Toward a developmental model. *Human development, 21*(1), 34-64.

Hulleman, C. S., Schrager, S. M., Bodmann, S. M., &

Harackiewicz, J. M. (2010). A meta-analytic review of achievement goal measures: Different labels for the same constructs or different constructs with similar labels? *Psychological bulletin, 136*(3), 422-449.

Hsu, M. H., Ju, T. L., Yen, C. H., & Chang, C. M. (2007). Knowledge sharing behavior in virtual communities: The relationship between trust, self-efficacy, and outcome expectations. *International journal of human-computer studies, 65*(2), 153-169.

Keller, J. M., Goldman, J. A., & Sutterer, J. R. (1978). Locus of control in relation to academic attitudes and performance in a personalized system of instruction course. *Journal of Educational Psychology, 70*(3), 414.

Kim, J.-B., Moon, K.-S., & Park, S. (2021). When is a performance-approach goal unhelpful? Performance goal structure, task difficulty as moderators. *Asia Pacific Education Review, 22*(2), 261-272. https://doi.org/10.1007/s12564-020-09664-8

Koestner, R., & Losier, G. F. (2002). Distinguishing three ways of being internally motivated: A closer look at introjections, identification, and intrinsic motivation. In E. L. Deci, & R. M. Ryan (Eds.), *Handbook of self-determination research* (pp. 101-121). Rochester, NY: University of Rochester Press

Leary, M. R., & Baumeister, R. F. (1995). The need to belong.

Psychological Bulletin, 117(3), 497-529.

Leopold, C., & Leutner, D. (2015). Improving students' science text comprehension through metacognitive self-regulation when applying learning strategies. *Metacognition and learning, 10*, 313-346.

Lin, T. J., Liang, J. C., & Tsai, C. C. (2015). Identifying Taiwanese university students' physics learning profiles and their role in physics learning self-efficacy. *Research in Science Education, 45*, 605-624.

Lin, T. J., & Tsai, C. C. (2013a). A multi-dimensional instrument for evaluating taiwanese high school students'science learning self-efficacy in relation to their approaches to learning science. *International Journal of Science and Mathematics Education, 11*, 1275-1301.

Lin, T. J., & Tsai, C. C. (2013b). An investigation of Taiwanese high school students' science learning self-efficacy in relation to their conceptions of learning science. *Research in Science & Technological Education, 31*(3), 308-323.

Margolis, H., & McCABE, P. P. (2004). Resolving struggling readers' homework difficulties: a social cognitive perspective. *Reading Psychology, 25*(4), 225-260.

Marks, L. I. (1998). Deconstructing locus of control: Implications for practitioners. *Journal of Counseling & Development, 76*(3), 251-260.

Marulis, L. M., & Nelson, L. J. (2021). Metacognitive processes and associations to executive function and motivation during a problem-solving task in 3-5 year olds. *Metacognition and Learning*, *16*(1), 207-231. https://doi.org/10.1007/s11409-020-09244-6

Moghadari-Koosha, M., Moghadasi-Amiri, M., Cheraghi, F., Mozafari, H., Imani, B., & Zandieh, M. (2020). Self-efficacy, self-regulated learning, and motivation as factors influencing academic achievement among paramedical students: A correlation study. *Journal of allied health*, *49*(3), 145E-152E.

Naibert, N., Duck, K. D., Phillips, M. M., & Barbera, J. (2021). Multi-institutional study of self-efficacy within flipped chemistry courses. *Journal of Chemical Education*, *98*(5), 1489-1502.

Nolen, S. B. (1988). Reasons for studying: Motivational orientations and study strategies. *Cognition and instruction*, *5*(4), 269-287.

Pajares, F., & Schunk, D. H. (2001). Self-beliefs and school success: Self-efficacy, self-concept, and school achievement. *Perception*, *11*(2), 239-266.

Panadero, E. (2017). A Review of Self-regulated Learning: Six Models and Four Directions for Research. *Frontiers in Psychology*, *8*, Article 422. https://doi.org/10.3389/fpsyg.

2017.00422

Peterson, P. L. (1979). Direct instruction reconsidered. In *Research on teaching*, Edited by: Peterson, P. L. and Walberg, H. J. 57-69. Berkeley, CA: McCuchab.

Phan, H. P. (2011). Interrelations between self-efficacy and learning approaches: a developmental approach. *Educational Psychology, 31*(2), 225-246.

Pintrich, P. R. (2000). The role of goal orientation in self-regulated learning. In *Handbook of self-regulation* (pp. 451-502). Academic Press.

Pintrich, P. R. (2003). Motivation and classroom learning. *Handbook of psychology*, 103-122.

Pintrich, P. R. (2004). A conceptual framework for assessing motivation and self-regulated learning in college students. *Educational psychology review, 16*, 385-407.

Pintrich, P. R., & De Groot, E. V. (1990). Motivational and self-regulated learning components of classroom academic performance. *Journal of educational psychology, 82*(1), 33.

Puzziferro, M. (2008). Online Technologies Self-Efficacy and Self-Regulated Learning as Predictors of Final Grade and Satisfaction in College-Level Online Courses. *American Journal of Distance Education, 22*(2), 72-89. https://doi.org/10.1080/08923640802039024

Ramnarain, U., & Ramaila, S. (2018). The relationship between chemistry self-efficacy of South African first year university students and their academic performance. *Chemistry Education Research and Practice, 19*(1), 60-67.

Reiser, R. A. (1980). Interaction between locus of control and three pacing procedures in a personalized system of instruction course. *ECTJ, 28*(3), 194-202.

Richardson, M., Abraham, C., & Bond, R. (2012). Psychological correlates of university students' academic performance: a systematic review and meta-analysis. *Psychological bulletin, 138*(2), 353.

Roick, J., & Ringeisen, T. (2018). Students' math performance in higher education: Examining the role of self-regulated learning and self-efficacy. *Learning and Individual Differences, 65*, 148-158.

Rotter, J. B. (1966). Generalized expectancies for internal versus external control

Ryan, A. M., Hicks, L., & Midgley, C. (1997). Social goals, academic goals, and avoiding seeking help in the classroom. *The Journal of Early Adolescence, 17*(2), 152-171.

Ryan, R. M., & Deci, E. L. (2000). Intrinsic and extrinsic motivations: Classic definitions and new directions. *Contemporary educational psychology, 25*(1), 54-67.

Schunk, D. H. (1995). Self-efficacy and education and instruction. In *Self-efficacy, adaptation, and adjustment* (pp. 281-303). Springer, Boston, MA.

Shen, K. M., Lee, M. H., Tsai, C. C., & Chang, C. Y. (2016). Undergraduate students' earth science learning: relationships among conceptions, approaches, and learning self-efficacy in Taiwan. *International Journal of Science Education*, *38*(9), 1527-1547.

Shin, Y., Kim, M., Im, C., & Chong, S. C. (2017). Selfie and self: The effect of selfies on self-esteem and social sensitivity. *Personality and Individual Differences*, *111*, 139-145.

Uzuntiryaki, E., & Çapa Aydın, Y. (2009). Development and validation of chemistry self-efficacy scale for college students. *Research in Science Education*, *39*, 539-551.

Veenman, M. V., Van Hout-Wolters, B. H., & Afflerbach, P. (2006). Metacognition and learning: Conceptual and methodological considerations. *Metacognition and learning*, *1*, 3-14.

Vogel, F. R., & Human-Vogel, S. (2016). Academic commitment and self-efficacy as predictors of academic achievement in additional materials science. *Higher Education Research & Development*, *35*(6), 1298-1310.

Wang, C. K. J., & Biddle, S. J. H. (2001). Young People's Motivational Profiles in Physical Activity: A Cluster Analysis. *Journal of Sport and Exercise Psychology*, *23*(1), 1-22. https://doi.org/10.1123/jsep.23.1.1

Winne, P. H. (2017). Cognition and metacognition within self-regulated learning. In *Handbook of self-regulation of learning and performance* (pp. 36-48). Routledge.

Winne, P. H. (2018). Theorizing and researching levels of processing in self-regulated learning. *British Journal of Educational Psychology, 88*(1), 9-20.

Winne, P. H. (2022). Modeling self-regulated learning as learners doing learning science: How trace data and learning analytics help develop skills for self-regulated learning. *Metacognition and Learning, 17*(3), 773-791.

Winne, P. H., & Hadwin, A. F. (1998). Studying as self-regulated learning. In, DJ Hacker, J. Dunlosky, & AC Graesser. *Metacognition in educational theory and practice*, 277-304.

Winne, P. H., & Hadwin, A. F. (2008). The weave of motivation and self-regulated learning. In DH Schunk & BJ Zimmerman (eds.), Motivation and self-regulated learning: Theory, research, and applications (pp. 297-314).

Wirth, J., Stebner, F., Trypke, M., Schuster, C., & Leutner, D. (2020). An interactive layers model of self-regulated learning and cognitive load. *Educational Psychology Review, 32*(4), 1127-1149.

Zheng, Y., Wang, J., Doll, W., Deng, X., & Williams, M. (2018). The impact of organisational support, technical support, and self-efficacy on faculty perceived benefits of using learning management system. *Behaviour & Information Technology*, *37*(4), 311-319.

Zimmerman, B. J., Bandura, A., & Martinez-Pons, M. (1992). Self-motivation for academic attainment: The role of self-efficacy beliefs and personal goal setting. *American educational research journal*, *29*(3), 663-676.

Zimmerman, B. J. (2000). *Attaining self-regulation: a social cognitive perspective.* UK: Elsevier.

Zimmerman, B. J. (2008). Investigating self-regulation and motivation: Historical background, methodological developments, and future prospects. *American educational research journal*, *45*(1), 166-183.

Zimmerman, B. J., & Moylan, A. R. (2009). Self-regulation: Where metacognition and motivation intersect. In *Handbook of metacognition in education* (pp. 311-328). Routledge.0

第三章　自律學習的一家人

　　隨著自律學習逐漸受到重視，教學者與研究者也逐漸發現自律學習會受到他人與環境等因素的影響。Zachariou 與 Whitebread（2019）根據觀察 36 位 6-8 歲孩童在參與音樂遊戲課程的行為，從中了解當給予這群孩童不同種音樂遊戲活動（環境）以及所有教學引導（行為），他們會產生哪些調節反應。

圖 15　在音樂遊戲的活動裡，
學生經歷自律調節、共同調節與社會共享調節

在他們的研究裡，提到了社會意向性（ social intentionality），即學生為了適應環境或個體，而產生對應行為的傾向。這個社會意向性包含了三種調節行為，如：自我調節、共同調節以及社會共享調節。在 Zachariou 與 Whitebread （2019）的研究中，學生的社會意向性行為表現如表 7 所示：

表 7　社會意向性中的三種調節行為

社會意向性	學生行為表現
自我調節	學生意識到自己行為的缺點或問題，立即自我糾正。
	依循自己的方式彈奏樂器；如停下來，表示已經厭倦了。
共同調節	專注觀察他人的努力，並點頭表示贊同
	對於他人不當的行為，出手要求停止。
社會共享調節	小孩討論對一件事情的想法，每個人都提出想法。

從上表歸納，學生在參與音樂遊戲課程時，會因為活動產生不同社會意向的調節行為。例如，他們會因為觀察個人的行為或檢視自己的情緒，而產生自我調節行為（停止進行某些任務）。又在觀察他人的行為後，他們會進一步的表示贊同或反對（告訴對方他的想法）。第三，當參與討論時，他們會在眾人面前提出自己的想法；而所提出來的內容，都以提高團體活動效益為最高目標。

有趣的是，除了從社會意向性來分類學生可能產生的調節表現外，Zachariou 與 Whitebread（2017）根據後設認知知識、

後設認知調節還有情緒與動機的調節歸納了數種調節表現，如
下表 8 所示。

表 8　學習活動中的各種調節表現

領域與特定的調節表現	範例
後設認知知識	
個人的知識	『我不要，我不擅長做這件事情。』
	『我付出了很多努力。』
任務的知識	『這個任務太難了。』
	『這跟我們之前做的任務很像，應該可以用類似的方式進行。』
策略的知識	『我會先幫忙做這件事情，請你接著我後面繼續進行。』
後設認知調節	
規劃	學生會確認團隊已經準備就緒，準備開始演奏。
	學生分配每個人應該做的事情。
	學生會確認同儕使用的道具是否準備齊全。
監督	學生確認同儕做的事情是否正確。
	學生評論目前團體表現的成果。
	學生在演奏時，監督每個人的狀況。
控制	學生引導並告訴他人如何做的更好。
	學生運用肢體語言告訴同儕應該進行的事情。
	學生運用一些策略，讓合作達到更好的效果。

領域與特定的調節表現	範例
評估	學生對目前的團體表現給出評價。
	『我們用這個舞蹈來搭配真的是太棒了。』
情緒與動機調節	
情緒或動機的監督	學生表示不想再進行這項任務。
	學生對於活動表示興奮或開心。
情緒或動機的控制	學生運用肢體等鼓勵他人參與。
	學生很堅持且專注地進行任務。

　　Zachariou 與 Whitebread（2019）觀察學生在參與整個音樂遊戲課程的行為，並發現幾個現象。首先，年紀稍大的學生，所產生出來的調節行為多過於年紀輕的學生。這表示學生的調節能力會隨著時間的推移而發展（Bryce & Whitebread，2012；Van der Stel 等人，2010；Van der Stel & Veenman，2010）。第二，自我調節、共同調節、社會共享調節以及情緒調節在教室內會不斷發生。不過，與自我調節和共同調節的能力相比，群體成員之間社會共享調節能力在團體活動中會有更高頻率的出現。除此之外，當學生參與活動時，他們的情緒也會隨著環境與其他人的因素而有所改變。從 Zachariou 與 Whitebread（2019）的研究我們可以知道，調節能力亦受到環境與人群的影響；而可以根據調節的目標與過程，分成自我調節、共同調節、社會共享調節以及情緒調節。

一、自我調節

自我調節是指，學生在學習過程中，根據自己設定的學習目標進行學習的策略。學生會根據個人的學習任務，規劃有效的學習模式，以達到迷思釐清或完成有效學習的目標（Michalsky & Schechter, 2013）。此外，有研究指出自律學習有助於學生理解複雜的知識（Labuhn 等人，2008）。自律學習的導入使得學生能夠掌控自己的學習歷程，並培養後設認知察覺以及提升學習動機（Panadero, 2017）。

（一）自我調節的定義與歷程

Zimmerman（1986）提出成為自律學習者的重要性，並列舉三個過程：預估階段、實施階段和自我反思階段。在預估階段，學生分析學習任務，評估自己的能力，設定具體的學習目標與學習策略；在實施階段，學生根據擬定的學習策略進行學習，努力實現學習目標；在反思階段，學生評估學習成果與學習策略之間的關聯性，確認學習策略的有效性。

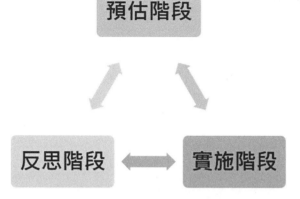

圖 16　自律學習的三個過程

　　自律學習的過程是學生啟動和維持認知、行為和情感的過程，學生會系統性地實現他們的目標（Zimmerman，1989）。自我調節模型通常探討學習者如何控制自己的動機、認知和行為的問題（Pintrich，2000），這與動機理論或模型不同。Zimmerman 與 Bandura（1994）更制定了自我調節的歷程，如表 9；表中包括了學習者在學習中需要關注的幾個要素，以及他們如何在學習中採取行動。首先，自我效能和自我目標是學習過程中需要關注的要素。其次，學習者需要採取策略或例行行為以實現自我目標。同時，時間管理也是實現自我目標的重要因素。在過程中，學習者需要進行自我觀察、自我判斷和自我反應，以調整自己的學習行為。此外，環境結構也是實現自律學習的重要因素之一。最後，在學習過程中，學習者需要選擇性地尋求幫助，以實現更好的學習效果。

表 9　自我調節的歷程

學習議題	自律學習的歷程
Why	自我效能：指學生過去經驗累積以及對任務掌握的自信心。 自我目標：指學生對自我的目標期望價值。
How	執行策略：指學生擬定採取解決任務與調節自我學習的方法。
When	時間管理：指學生擬定的流程與監督時間規劃。
What	自我觀察：指有計劃地注意自己行為的各個方面。 自我判斷：指將當前的表現水平與自己的目標進行比較。這取決於所採用的自我評價標準的類型、目標、屬性和目標實現的重要性。 自我反應：指對自我判斷的行為、認知和情感反應。
where	環境結構：指感知影響學習的環境因素。
With whom	尋求協助：指掌握可協助的外部資源。

　　Zimmerman 與 Martinez-Pons（1988）更將自律學習的過程總結為學生有後設認知地、有動機地且有積極行為地參與自己的學習活動。後設認知參與指的是學生在學習過程中計畫、組織和評估自己的學習策略的能力（Donker et al.，2014; Veenman et al.，1997）。這是一種任務間可通用的能力（Schraw et al.，1995; Schraw & Nietfeld，1998），可應用於不同情境和任務，以調節各種認知和學習動機（Schraw，2001; Veenman et al.，2006）。這些能力不用於直接處理學生的資訊處理和動機問題，而在確保學生認知和動機調節處於最佳狀態（Leopold & Leutner，2015; Veenman & Verheij，2003）。因此，後設認知與學習表現（Veenman et al.，2005）以及動機（Zepeda et al.，

2015）有關。此外，研究表明後設認知能提升各領域的學習表現（Carretti et al.，2014）；而且，一旦學會了這些技能，學生也能將其轉移到其他新的任務和環境中（Ohtani & Hisasaka，2018）。

（二）科技與自我調節的結合

　　學生的自律能力在一般課程中顯得重要，尤其在數位學習環境中更為關鍵。例如，King 等人（2000）研究了網路學習的自律行為與自我效能之間的影響，發現曾經參加過網路學習的學生自律表現比未參加的學生更高；這表示，數位學習平台能提供學生一個訓練自己自律能力的學習環境。Broadbent 與 Poon（2015）的研究進一步指出，在數位學習環境中，學生的後設認知策略（例如時間管理、後設認知表現、調節努力）與學業表現呈現正相關；相反，學生的認知策略（例如排練、產出和組織）相關性較低。因此，如果要透過數位學習工具培育學生的自律學習能力，教學者在設計教學活動或許選擇數位學習平台時，可以考量科技能調節的自律調節能力，挑選合適的科技功能導入課堂中，如表 10 所示。

表 10　科技功能與自我調節能力的對應

調節領域	具體科技功能	對應自我調節歷程
認知領域	提供教學規劃 提供數位媒材	自我目標、自我效能

調節領域	具體科技功能	對應自我調節歷程
後設認知領域	提供筆記與提問功能	執行策略
	提供學習評量	自我目標、執行策略
	量化學習表現	自我觀察
	提供學習歷程	自我觀察、時間管理
情緒領域	給予回饋	自我判斷
	給予獎勵	自我反應
	提供交流討論	尋求協助

　　教學的樣貌，如同 Zachariou 與 Whitebread（2017）所述，原本就包含認知領域、後設認知領域以及情緒領域的調節。教師可以思考在課程的不同領域導入不同的科技。但請注意，並不一定每一種科技都要使用，也並不一定是每一種自律學習能力都需要在課程中調節。請教師視課程需求與教學目標選擇合適的科技使用。在認知領域中，科技當然可以提供數位媒材，以支援學生的認知學習。而在認知領域，其實科技也可以做為提供教學規劃、筆記與提問功能或學習評量的工具。他可以支援學生在學習活動前，先了解教師的教學規劃，並在腦海中或者筆記本裡確立自己的學習目標、自我效能以及目標價值。此外，提供筆記、提問與學習評量的功能，是幫助學生找到「烹調的廚具」，他知道他有這些工具可以幫助他學習。

　　接著，在後設認知領域中，科技可以提供學生量化學習表現，這可以銜接前面認知領域的學習評量，學生可以知曉自己目前的學習表現。這個可以幫助我們前面提到的，接近掌握目

標的學生，他可以自己依循教師的教學目標繼續進行後面的學
習與自我評量。例如，臺灣教育部在 105 年度開始建置與擴充
的適性教學輔助平台 —— 因材網，具備良好的學習評量診斷測
量工具，幫助學生找尋個人學習弱點，並適性地提供個人化學
習路徑。除了學習表現的量化外，科技亦可以提供學生學習歷
程的資訊，學生可以從歷程上，知道自己目前個人的學習狀態
（進度條或課程連接圖）；甚至可以從歷程中，看到班上其他
同學目前的表現。這些資訊將提供學生做自我學習監督與時間
管理。

　　最後，在情緒領域，透過科技可以提供師生交流與討論的
機會，例如開設同步與非同步討論區，亦可運用按讚或給貼紙
等形式，來表達對同儕學習的鼓勵。除此之外，教師或透過智
慧診斷機制提供學生相對應的回饋與獎勵，亦有助於學生自我
學習判斷與反應。舉例來說，均一教育平台的徽章機制，能引
導學生檢閱自己尚未精熟的學習目標；透過外在調節（可參考
第二章動機理論）整合學習資源的模式，給予學生未來學習調
整的方向。

二、共同調節

　　所謂共同調節是學生在獲得自律學習能力的過渡過程。共
同調節涉及學習者與他人（通常是一個更具有能力的學生或同
伴），共同分享並調節學習者的學習困難。例如，師生兩人可

以運用不同形式的專業知識來解決問題。在共同監管的過程中，所有參與者扮演專家或新手的腳色，在互動中進行調節（Hadwin & Oshige，2011；Volet 等人，2009）。

圖 17　共同調節最經典的例子
教師針對學生的學習模式給予意見

（一）共同調節的歷程與促發時機

　　共同調節包含兩個過程：自律學習鷹架建立以及交互主體性的交涉。自律學習鷹架成為學生在學習過程中控制自己專注學習的主要機制，這為教學帶來了改變。從原本教師控制並支持學生學習活動的模式，逐漸轉變為以學生為主要控制權的學習活動。這些鷹架不僅是非學習的認知鷹架，而是控制學生認

知與後設認知處理的鷹架。另外，交互主體性（intersubjectivity）代表學習者們在共同監管空間中，互相說明與解釋自己的學習規劃、目標與活動模式。例如，同儕兩人可能會互相討論最近要進行的工作事項，告訴對方自己最近應該要完成的任務；在過程中，他們也會聆聽對方的說明並給予對方意見，但最終決定權留給學生本人。除此之外，學生亦可以主動要求他人提供回饋與幫助，以應用特定的自律學習策略；常見的有可能詢問作筆記的方法、選擇哪一本參考書或者快速整理資料的方法等。例如，Chou 等人（2018）提供一個能進行溝通與協助的系統來輔助學生進行共同調節。該系統會視情況主動或被動地提供外在回饋，以支持學生的自律學習鷹架。這使得實驗組學生表現出更好的尋求協助行為，例如自己解決學習任務的比例增加，尋求協助的比例減少。

McCaslin（2009）強調，共同調節是經過活動、參與及互相交流的方式來進行，個體會將專業領域帶入新的學習任務。其中，學校環境不僅是促進學生認知發展的地方，更是孕育學生合作調節與互動的搖籃。從這個角度來看，Hadwin 等人（2005）在歷經一系列的研究之後，將這種學生透過支持與尋求同伴協助所進行的對話與互動，讓自己學習如何進行自我調節的過程稱之為「合作調節」。他們的研究探討了教師和學生之間的對話（其實這就是一個最經典的共同調節的例子），並找出在合作調節互動中所使用的方法。他們發現教師會透過詢問、重述或解釋學生的內容，來評估學生的學習情況及學習思維；接著提供引導和反思來幫助學生進行調節。而學生則透過

接受、陳述以及評估教師提供的引導與反思，來評估與總結可行的方案。雙方透過這樣的互動方式來合作調節學習。

　　以下提供幾個共同調節的例子，讓讀者更了解共同調節促發的時機：

1. 學生進行專題，要撰寫程式開發一個辨識肺部癌細胞的智慧診斷系統。學生會跟老師討論在這個專題中，預定使用的程式語言、工作進行的流程、預計採用的邏輯或者可能面對的問題。學生會跟老師說明他目前選擇的優點與缺點，老師也會針對學生目前的規劃給予回饋。當學生決定好策略並開始實施後，他們之間的討論將轉向共同監控，即學生定期跟老師討論目前的進度與面臨的困難（包含認知與後設認知方面），教師將提供一些方法讓學生評估可行性，並進行目標與策略的調整。

2. 在進行學業方面的學習時，通常是屬於個人的學習。但我們在教學現場經常看到幾位學生會結伴一起學習。例如：他們會安排固定的時間到圖書館讀書、他們會在下課的時候互相問對方，例如：關心對方期中考或期末考的準備狀況、分享使用的哪一本參考書比較易讀或分享筆記要如何組織比較有效。在學習的過程，A 同學可能會針對學習的進度安排或筆記方法向 B 同學請益，因為根據 A 的觀察，B 在這方面做得很好；所以 A 想從 B 身上獲得相關資訊，並嘗試將其調整成自己的學習策略。在進度安排與筆記方法上，B 是 A 的專家。而相反的，B 認為 A 在環境的安排上做了很好的選擇，例如在下課

時後讀書，A 都會帶著降躁耳機；讀書時也會盡量選擇咖啡廳或討論室進行學習。他發現，跟著 A 一起學習，是更能讓自己專注。這是 A 會是 B 的專家，A 帶領著 B 去認識適合自己學習的環境。

（二）科技與共同調節的結合

在具社會情境學習環境裡，同伴提供的評論與讚揚亦能讓學習者連結到自己所付出的努力與執行學習的策略效果（Volet et al., 2009）。而在動機與自律學習的能力驅使下，學習者會綜合考量從自我察覺與外部環境的回饋，進一步的反思自己的學習效果。而不成熟的外部環境回饋，可能對學習者產生負面的情緒效果。除上述問題，Räisänen 等人（2016）以及 Saariaho 等人（2016）的研究亦發現，學生在解決個人任務的過程中，鮮少採用共同調節的學習模式；即便課堂提供了學生充分共享調節策略的機會，他們仍偏向忽略共同調節學習模式。其原因主要是因為學生對於學習活動的認知為任務導向，因此，他們會專注地讓自己保持一定的動力來調節自己的學習方法；但也因為他們認為學習是獨立的，所以他們鮮少在課程中，與同儕共同監管學習活動。因此，教學者在設計教學活動時，可能更需要注意如何讓每位學生在課堂中都有調節自我與調節他人的機會。

表 11　科技功能與共同調節能力的對應

調節領域	具體科技功能	對應自律調節歷程
認知領域	提供筆記共享功能（可包含註解）	執行策略
	提供人工智慧諮詢	自我觀察、自我判斷、自我反應
後設認知領域	量化個別學習表現	自我觀察、自我判斷、自我反應
	提供個別學習歷程	時間管理、自我判斷、自我反應
情緒領域	提供交流討論	自我效能、自我目標、尋求協助

　　本書同樣提供科技在各領域支援共同調節學習的分類。共同調節的學習活動，通常是基於自律學習活動之上，因此，教師仍須確保學生在課堂中有自律學習的機會。在共同調節部分，科技可以支援的是共享與諮詢的腳色。例如，在認知領域，目前已有許多可提供學生筆記分享的功能。例如：學生運用 GoodNotes 分享個別作的筆記，讓同儕可以透過閱讀而理解學生的組織思維。此外，學生也可以運用 Google 文件分享個別的筆記，因為 Google 文件有筆記的功能，同儕甚至可以在文件上直接提供相關回饋。

　　在前面的共同調節例子中，我們提到都是學生跟真實的人進行共同調節；但其實也可以嘗試讓學生與虛擬的人物進行共同調節。例如，學生詢問 ChatGPT 關於完成一個專題需要注意的事項以及可行的策略，或請 ChatGPT 協助診斷學生對特定單元的理解程度，並提供後續的學習建議。但請注意，共同調節是學生可以參考他人的建議，評估後決定是否調整自己的學習

策略。因此，無論今天回饋的來源是教師或生成式人工智慧，<u>訓練學生自我評估並將其轉化成自己可以用的方法，才是共同調節的目的。</u>這樣的訓練，是讓學生在多元的資訊中，篩選出最適合自己的，並進行轉換；如此，學生會不斷提高自己自我反思的效率，進而產生更優越的動機與適應性，更樂觀的面對自己的未來。

在後設認知領域上，科技同樣能像自律學習時，提供學生學習表現以及學習歷程的數據。但這裡較特別的，是在於能讓同儕看到他人的進度與表現。其實就如同過去，我們可能曾經在公佈欄上看到其他同學的成績或排名（當然，我們先排除一些負面因素不談）；我們能從這些資訊身上，找尋能幫助我們解決問題的對象，並請益他們。而透過系統，如果我們得知誰的進度較快，或者誰目前拿到較多的學習徽章，我們可以去請問他們學習的方法。除此之外，我們能夠在一個平台上，看到其他人正在跟著我們一起努力，無形中形成學習的凝聚力。

共同調節非常重視學習者間的交流，因為他們透過互相說明、檢視與評估等，為自己的學習獲取最大效益。因此，討論與交流的空間是相當需要的。除了是全班個別的討論外，我們現在也會使用許多社群軟體，直接地跟專家進行諮詢或與同伴討論。

從上述得知，共同調節是針對學習的目標與策略進行相互調節；教師在設計與規劃活動時，還是要保留較多組間互學以及教師導學的機會；因為這兩個時段是學生最能從他人身上獲得策略與方法的時刻。因此，思考如何將認知的分享轉換為是

後設認知的分享，將會是共同調節最關鍵的部分。

三、社會共享調節

　　在團體學習過程中，成員之間的團結與合作任務解決被認為是影響學習效果的主要因素（Biasutti，2017；Prince，2004）。Splichal 等學者（2018）提出，在開始學習活動之前，團隊合力設定學習目標和計劃學習策略，可使成員在學習過程中共同監督和評估學習結果。這種學習策略被稱為社會共享調節（Socially-shared regulation）。

　　舉一個例子，Vauras 等人（2003）觀察一組學生合作解決數學問題過程的調節與動機。他們的研究發現，學生們開始進行學習時，會展現出自我調節的數學問題解決能力；而且，這個調節是相互調節，也就是他們會交替進行調節活動。他們會願意分享自己的想法、欣賞彼此的能力並共同完成一個任務。

圖 18　社會共享調節的過程

小組成員共同交換自己的調節方法，合作完成任務

（一）社會共享調節的意義與歷程

　　社會共享調節是指多個人調節他們的合作活動的過程。從這個角度來看，目標、期望和策略是共同建構的，期望的成果是社會共享的認知。我們會將焦點放在個體之間的協同作用。從本質上講，社會共享調節是集體調節，其中調節過程和產物是共享的。從社會建構主義的學習角度來看，出現了兩個不同的類別：（a）針對集體利益的個體調節，以及（b）集體調節；這裡的個體調節是指一個人在群體中學習時，他對他自己目標的調節。也就是說，當我們在一個群體裡作業時，都會希望我

們在群體中獲得些屬於自己的成果；而我們會為了這個成果而努力。集體調節則表示，我們群體為了達到某個屬於我們群體的成果，而共同建構調節的規則（如：目標、進展和任務分工）並達成共識；接著共同進行調節。如下圖 19 所示，這個群體裏面，總共有 5 位學生，他們要合作完成任務。每一個空心圈都代表一位學生的自律調節歷程（含預估階段、實施階段以及反思階段）。他們會在自己的學習道路上，執行自己的學習任務（目標），並監督與調節自己的學習進度。但他們在同一個群體中，因為有相同的最終任務，所以他們的自我調節會相互影響。

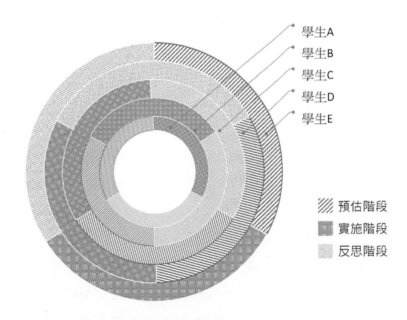

圖 19　社會共享調節下自我調節交互關係

　　舉個較實際的例子，當 A 同學正在做他的任務內容，因為它的內容需要承接 B 同學的內容，所以他會去提醒 B 同學趕快把事情完成。當然，這個可能是較消極的調節；較積極的調節，可能是這一群人每一次碰面，會針對他們的專題內容進行關心，互相請益專題內容的製作策略，並共同修改與調節目標。例如，當小組在進行合作專題，針對常溫超導體發展的可行性進行探討。他們會以自我調節的方式來應對個人與共同的任務。因為，在小組合作專題中，每位學生都會被分配到工作，有些學生找尋的是美國的相關研究報告，有些同學找的是南韓的相關報告。他們必須對自己認領的任務負起責任，對自己設定的目標、方法進行不斷的監督與評估。而因為他們最後是要完成一個大專題的關係，他們也會定期關心其他同學的狀況。例如，A 同學會提醒同學停下來檢查自己的進度、B 同學因為看到某些資訊並鼓勵其他人改變搜尋策略、又 C 同學會與同學共同討論專題最後的目標以及請大家每週分享自己蒐集資料的方法等。

（二）科技與社會共享調節的結合

　　自我調節學習被認為是一種高階思維策略，透過設定目標、監視和反思，學習者不僅需要掌握知識，還需要了解自己的學習狀況和能力（Andreassen 等人，2017；Zimmerman，2000）。此種學習進程被視作一種後設認知的表現，這是一種結合批評思考、問題解決和自我反思的高級思考方式（Artino &

Jones，2012）。社會共享調節可以視為自律學習的整體社會層面，學生的行為受到同一社會網絡中其他人的意見、評論和行為的影響。他們認為個人目標與社會目標密不可分，是通過社會互動實現的（Jackson 等人，2000）。因此，學生的行為受到社會共享調節的影響。人們在群體中，用適當的行為和情感表達，會向網絡中的其他成員尋求指導和確認。

表 12　科技功能與社會共享調節能力的對應

調節領域	具體科技功能	對應自律調節歷程
認知領域	提供專題共同製作的功能 （可包含註解、討論等功能）	執行策略
後設認知領域	提供行程規劃功能	執行策略、時間管理、自我觀察
	提供討論空間（腦力激盪用）	執行策略
	提供分享空間（跨組分享）	自我目標、自我效能、自我判斷
情緒領域	提供交流空間	自我判斷、自我反應
	提供人工智慧諮詢	自我判斷、自我反應

　　我們也可以同樣看一下，科技功能如何支援社會共享調節。從前一小節的共同調節開始，科技扮演的腳色相對於自我調節學習來說較為抽象；但核心目標不外乎是提供群體一個討論與共享的空間。例如，在認知領域中，科技可以提供專題共同製作的功能，比較經典的例子如同 Google 簡報工具，它允許不同人在同一個檔案裡進行編輯；除此之外，Google 簡報工具中有註解與討論的功能，提供學生一個高效的合作學習空間。

另一方面，在後設認知領域中，科技可以提供行程規劃的功能，例如我們常見的行事曆，除了可以記錄各自的行事曆之外，亦可以共用行事曆；這對於長時間的專題製作，有共同的時間管理工具。在表 12 中，有討論與分享空間，但這兩者意義不同。討論空間是提供組內成員腦力激盪使用，如大家常見的 Google Jamboard、Miro 或者 Padlet 等都是可以讓學生在虛擬討論版中拋出自己的想法，接著小組討論把想法串聯起來。另外，分享空間則是用於跨組分享用途，小組可以透過全班共用的雲端硬碟或數位學習平台，查看他組專題製作內容、時間規劃狀況以及討論空間的內容；藉此也可以從小組以外的地方，獲得更多策略與方法。

　　最後，情緒領域的部分，交流空間是提供小組與各組同學分享以及提供意見的平台，這個跟後設認知領域的分享空間不同。後設認知領域的分享空間目的是在於學生進行專題過程的歷程分享平台；而情緒領域的交流空間是讓學生做階段性或綜合性的分享討論。所以，這裡的平台可以是多元，且通常是結合實體環境的。例如，學校辦理一個實體成果展，讓各組學生可以實際在自己的攤位上，擺放自己的專題成果與歷程，並與他人分享。採用線上同步的方式，讓每組同學輪流上台分享；抑或採用混成與非同步的方式，甚至於結合票選等模式，讓學生可以在分享過程中，從其他人身上獲得肯定與批判。而這裡，本書加入了人工智慧的諮詢，是讓學生可以透過教師與同儕以外的人身上，獲得其他評論。我們可以邀請生成式人工智慧幫忙評論我們自己的專題內容（當然，我們必須給予他們公正的

評分標準並訓練他們）；除此之外，我們可以邀請生成式人工智慧比較我們與他人的專題內容的差別。甚至於，邀請生成式人工智慧從專題的成果，回推可能採用的策略與時間規劃等。我們從前三節看到的自我調節、共同調節以及社會共享調節，應該已經知道了，教學過程的互學與回饋，是讓學生參與調節的重要因素。

四、情緒調節

學者表示，學生的情緒也是學業學習的一部分；它影響著學生的動機、認知過程以及學業成就（Pekrun 等人，2007）。在早期的研究裡，研究者認為因學習結果而產生的情緒，會進一步阻礙或增強當前與新的學習過程；也就是說，不同情緒會對學習的產生正向或負向的影響（Boekaerts 與 Pekrun，2015）。例如，當學生在課堂中的學習受到肯定，學生的自我效能感會增強；隨著自我效能感的增強，學生會更積極在學業與課堂互動中提供更多正向的表現（Linnenbrink，2007）。除此之外，當正向情緒建立，會使學生的學習信念、學習目標以及認知表現產生更多的連結。這也是學者提到的，自我效能感會鼓勵學生設定目標（Boekaerts 等人，2006；Murayama 等人，2017）。

（一）情緒調節的意義與重要性

學者進一步解釋情緒在學習過程中的複雜性（Chapell 等

人，2005；Linnenbrink-Garcia 等人，2011；Näykki 等人，2014；
Ng & Lee，2015），本書將其整理如下表 13。例如：如果對學
習抱持快樂或平靜的心情，則會有較積極正向的群體互動、更
多積極的社會情感互動及行為的參與；此外，他們會有較優的
學業表現（與高焦慮的學生相比）。反觀，當學生對學習抱持
消極的情緒（包含疲倦或緊張），則會在學習過程有較多分心
的狀況，更使小組合作效能降低。最後，有高度焦慮的學生，
他的工作記憶效率不佳。因此，了解情緒在學習上的作用，尤
其是它與認知、動機以及社會互動多方面的關係變得重要
（Boekaerts & Pekrun，2015）。

表13　個人情緒對學習的影響

	正向情緒	負向情緒（消極、疲倦、緊張）
學習狀態	積極參與互動	分心、合作效能降低
學習成就	正向改變	不利於工作記憶、低於正向情緒者
學習品質（如互動、滿意度等）	不一定有效	可能降低品質

　　當學習演變成社會互動過程時，影響學習的不僅只有個體
的情感經驗，還包括了小組的社會情感經驗（Järvenoja 等人，
2013）。社會情感通常來自於群體成員間進行有目的性交流，
從而塑造和傳達群體的氛圍（Bakhtiar 等人，2018；Rogat &
Linnenbrink-Garcia，2011）。正向的社會情感交流可以激發正
向的集體參與動機和調節過程（Linnenbrink-Garcia 等人，

2011），這不僅能夠增強小組內成員的積極合作動機，還能鼓勵小組內的每個人共同努力達成目標（Zschocke 等人，2016）。

　　負面的社會情感交流常被視為對群體學習造成挑戰的要素，其對學習活動的互動品質和成果將產生影響。Rogat 與 Adams-Wiggins（2015）曾經研究兩組中學生進行科學探索活動的品質。他們發現，組長的監督方式不同，小組的情緒調節模式也會不同。當組長採取指導型的監控方式，小組通常會出現高度批判性的交流，引發群體的不尊重反應；反之，當組長採取包容型的監控方式，可以有效地促進正向的社會情感交流，甚至可能引導小組產生新的想法並詳細解釋學習成果，從而實現更高層次的認知參與（Järvenoja 等人，2013）。

　　因此，若要讓學生參與有效且愉快的學習，他們需要具備管理個人或群體學習過程的技能，同時，也需要適應社會情感環境，感知他人的情感並做出調節。不過，Linnenbrink-Garcia 等人（2011）與 Bakhtiar 等人（2018）曾經發現一個有趣的結果。正向的情緒帶來積極的小組互動，並改變學生後續的小組任務表現；但是，他對於小組互動的品質不一定有正向幫助；小組互動的品質可能維持不變，也有可能下降。這個結果表示，情緒可能直接影響的是績效目標（如前一章我們討論動機的章節）。其實，這跟我們在共同調節章節的討論類似，學生在任務過程，通常專注於解決任務，鮮少針對學習的策略與價值進行討論。當然，不可否認，情緒也會影響小組互動品質；但是，影響小組互動品質的因素應該不僅是情緒，實際仍會受到不同情境、其他調節與任務因素等影響。

　　成功的合作需要適切地掌握個體和團體層面的情緒調節來
管理學習動機。Xu 等人（2013）的研究中，就發現小組線上學
習的情緒管理與同儕反饋、學習目標、環境佈置以及動機監控
呈現正相關。從這裡我們就可以發現一些蛛絲馬跡，我們前述
調節中強調同儕回饋的重要性，這對學生的情緒管理確實有所
關連。此外，Zimmerman 與 Bandura（1994）所制定的其他調
節歷程與情緒管理可能都有關係。也就是說，我們可以透過不
同的調節方法，改變學習動機與策略，在調節個人或群體學習
的效果下，同時改變個人或群體情緒反應（Corno 與 Kanfer，
1993；Wolters，2003）。尤其，我們從前面的研究可以得到，
不良的意見交流與情緒管理，可能會對學習帶來更多衝突，因
此，正向的情緒調節變得格外重要（Järvenoja 等人，2013；
Linnenbrink-Garcia 等人，2011）。

（二）科技與情緒調節的結合

　　Xu 等人（2013）曾經列舉了在合作學習環境中，可以調節
情緒的類型，包含：提供回饋、合作學習目標、個人學習目標、
環境評估、時間管理、動機監控、尋求協助以及情緒管理。本
書依據此分類，列舉可行的調節方法以及科技在其中能提供的
功能。

表 14　可調節情緒的方法與科技功能

調節類型	調節的方法	科技的功能
回饋	腦力激盪	提供資訊分享平台
合作學習目標	教師調節	提供組內外討論區
	同儕調節	提供學習歷程
個人學習目標	小組溝通協調	提供主題式討論區
環境評估	小組互相監督	
	小組分享協助	
時間管理	準備學習工具	
動機監控	挑選學習環境	
	安排事件順序	
尋求協助	自我監督與管理	
情緒管理	評價與獎勵機制	
	網路搜尋與分享	

　　第一個可能改變情緒調節的方式，是善用教學回饋。教學回饋的模式有數種，進行小組協調是一種很有效的方式。這能讓學生彼此互相學習，並透過小組成員的互動增進溝通技巧，進而提升學習的興趣與情緒。小組成員的互相監督可以提升彼此的責任感，並透過對於學習進度的共同監督，建立起對學習的積極態度。與此同時，與其他小組的學生分享能擴大學習的視野，讓學生不僅能從自己的小組內部學習，也能從其他小組那裡獲得新的見解與思考模式。此外，教師的腳色同樣不可忽視。教師的監督與反饋不僅能確保學生在學習上的進度，也能透過即時的幫助與引導，降低學生的學習困難。

　　積極參與小組工作當然對情緒調節有許多重要的益處。首先，參與小組工作是一種重要的社交經驗。在與人合作的過程中，學生將學習到如何溝通，如何解決問題，並且能夠在實際的工作中應用這些技巧。此外，他們有機會在過程中看到每個人的專長和才能，學生可以從他們身上獲得新的知識和見解，進一步提升自己。也因為互相了解對方的專長與才能，創造了組內相互支持的機會。當同儕遇到困難時，學生可以提供幫助，這樣的經驗會讓學生學會如何為他人提供支援，同時也能增強學生的團隊精神和領導能力。最後，因為這些互助與相互欣賞的機會，學生將在群組中獲得小組成員的認可。這種認可不僅能增強學生的自信心，同時也能激勵學生繼續努力，提升自我。

　　從前面的社會共享調節，我們知道合作學習環境裡有個人學習與小組合作學習。所以，參與小組合作無疑對學生的成長與學習有著深遠的影響。對個人能力發展而言，參與小組合作有助於學生培養人際交往能力。在合作過程中，他們需要學習如何換位思考、互相尊重、理解和接納，這些都是建立有效人際關係的重要技巧。此外，小組合作也能幫助學生學習溝通技巧。為了確保團隊的協作順利進行，學生們需要學會清晰、準確且尊重他人的溝通方式。

　　創建一個良好的工作環境可能也是維持正向學習情緒的方法。首先，學生需要準備完成任務所需的所有材料。這不僅包括必要的書本和筆記本，也要準備可能需要的任何工具或資源。工具準備好，焦慮就不會增加。接著，在物理性的環境中，學生需要找一個合適他學習的環境。例如：有些人需要在安靜、

整潔、無分心事務的環境下學習；但有些人則喜歡在有點吵雜的咖啡廳裏面進行他的學習。對小組來說，可能有一個寬廣且能彈性調整的空間，可能會對小組討論帶來更愉悅的氣氛。

時間管理對於情緒調節可能也是重要腳色，因為時間管理與我們如何處理和組織任務有著密切的關聯。首先，確定優先順序能夠降低我們的壓力和焦慮。當我們明確了解需要首先處理哪些任務，可以讓我們避免被太多的工作壓垮，進而管理我們的情緒。其次，未雨綢繆能讓我們有能力預防可能出現的問題，並提前制定應對計劃。持續監督剩下的任務可以幫助我們保持情緒的穩定。當我們了解任務的進度，就能夠適時調整我們的情緒和壓力水平。最後，調整自我與小組的工作節奏是管理我們的壓力和焦慮的方式。了解我們還有多少時間來完成任務，能夠讓我們保持冷靜和集中，並且能夠有效地管理我們的時間和資源。當小組進度落後時，他們會明白需要加快工作速度，這將使學生自身和團隊成員的期望保持現實，並且能夠正確地調節我們的情緒。

適時改變小組合作氛圍，例如表揚小組成員的努力，可以提升大家的動機並確保積極的學習情緒。這種積極的反饋可以讓成員們覺得他們的付出被看見和賞識，從而激勵他們繼續努力。此外，當遇到困難任務時，小組成員之間的相互鼓勵和支援尤其重要。此時，邀請大家冷靜分析問題，並共同尋找解決方案，不僅可以增進小組間的團結合作，也可以降低學生對困難的恐懼和焦慮，緩解壓力。透過這樣的方式，可以讓每個小組成員都在積極的學習情緒中，一起克服難關，共同完成小組

任務。

　　為了充分理解學習內容，學生會採取多種方式尋求幫助；透過獲得協助，能進一步穩定學生的學習情緒。首先，如果學生遇到不理解的概念時，可以與專家或教師諮詢；專家的解釋和引導是相對具權威性且直接的。學生也可以考慮跟小組成員或班上的其他同學尋求幫助。他們可能也正在學習相同的內容，或者已經掌握了這個概念，因此他們的幫助會非常有價值。除此之外，當面對面的資源無法提供足夠的幫助時，可以轉向網路尋找資源。網路上有許多教學資源和論壇，能提供需要的答案或者幫助找到新的解釋方式。

　　最後，情緒調節很重要的一環在於反思階段。學生可以在每一循環的反思，告訴自己不要為過去的錯誤煩惱；而是要鼓勵自己與小組將注意力放在當前任務能改進的部分和未來合作能改善的策略。如果還在學習活動期間，當然也可以專注於眼前任務的討論並留意需要完成的工作。所以，如同前面所述，調節學習在學習過程是會不斷的循環，並不是整個學期或整個專題只進行一次循環。所以每個人都可以專注於需要完成的工作，並確保大家都冷靜、理智的面對問題。最後，正向鼓舞自己與同伴的工作也是必須的。如同我們在前一章社會認知期望值模型中提到，強的成功動機以及弱的失敗恐懼，能讓學生制定適當的學習任務，並勇於面對每一次的挑戰；這樣能提高團隊的積極心態。

圖 20　與調節結伴的理論們

動機、情緒、自我效能、歸因等，交互影響學生的學習

　　讀者可以試想這些調節機制如何與科技進行結合，其實，
這些方法已在我們生活中經常發現。同時，也如同我們在第二
章討論許多自律學習的理論基礎時說到，情緒、動機、自我效
能、調節表現與歸因等，他們會交互影響學生的學習。所以，
讀者可以試想會影響你的自我效能、動機、歸因或情緒等的科
技有哪些？本書舉幾個例子。首先，資訊分享平台的提供，有
助於學生在其中找到有用的資訊、創新的解決辦法甚至於是進
一步的搜尋策略。例如，有一個討論平台叫做 ResearchGate 的
科學研究社群網路平台，這個平台中有來自世界各地的研究人
員，甚至於是重要的研究學者。當研究生有問題，都可以在這

個平台上提問或搜尋有用的資訊；另一方面，研究生在這個平台也可以做為知識的提供者，提供拋出問題的人相關協助。因為從中獲得協助或者提供貢獻，學生能從中獲得更大的學習自信心或降低學習焦慮。當然，我們也不一定要協尋這麼開放式的討論平台，可以透過教師或自己創建的相關討論區來進行討論。例如：有教師運用 LINE 討論區，建立班級群組，為正在準備新一代設計展的同學們提供一個分享資訊與交流心得的機會。如果要增加一些趣味性或真實體驗感，教師或組員也可以考慮運用 Gather Town 創造一個虛擬小組合作的空間；小組可以在裡面進行組內與組外的交流。同時，可以搭配一些呈現學習歷程的工具，幫助小組成員共同管理學習進度。因為這些科技的導入，讓學生對學習有更多的控制感，使其維持穩定且正向的情緒管理。

在這一章節裡面，我們認知到自律學習的不同種調節，包含自我調節、共同調節、社會共享調節以及情緒調節。我們也介紹了科技在這其中可以依據不同的條件目的，展現他不同的特性。在某些時刻，他可以是教師（tutor）；在其他時刻，他可以是工具（tool）或學生（tutee）。教師或學生可以針對目的來選擇適當的科技，以增加自己學習的效能。

參考文獻

Andreassen, R., Jensen, M. S., & Braten, I. (2017). Investigating self-regulated study strategies among postsecondary students with and without dyslexia: a diary method study. *Reading and Writing, 30*(9), 1891-1916. https://doi.org/10. 1007/s11145-017-9758-9

Artino, A. R., & Jones, K. D. (2012). Exploring the complex relations between achievement emotions and self-regulated learning behaviors in online learning. *Internet and Higher Education, 15*(3), 170-175. doi: 10.1016/j.iheduc.2012.01. 006

Bakhtiar, A., Webster, E. A., & Hadwin, A. F. (2018). Regulation and socio-emotional interactions in a positive and a negative group climate. *Metacognition and Learning, 13*, 57-90.

Biasutti, M. (2017). A comparative analysis of forums and wikis as tools for online collaborative learning. *Computers & Education, 111*, 158-171. https://doi.org/http://dx.doi.org/ 10.1016/j.compedu.2017.04.006

Boekaerts, M., De Koning, E., & Vedder, P. (2006). Goal-directed behavior and contextual factors in the classroom: An innovative approach to the study of multiple goals. *Educational Psychologist, 41*(1), 33-51.

Boekaerts, M., & Pekrun, R. (2015). Emotions and emotion regulation in academic settings. In *Handbook of educational psychology* (pp. 90-104). Routledge.

Broadbent, J., & Poon, W. L. (2015). Self-regulated learning strategies & academic achievement in online higher education learning environments: A systematic review. *The internet and higher education*, *27*, 1-13.

Bryce, D., & Whitebread, D. (2012). The development of metacognitive skills: Evidence from observational analysis of young children's behavior during problem-solving. *Metacognition and Learning*, *7*, 197-217.

Carretti, B., Caldarola, N., Tencati, C., & Cornoldi, C. (2014). Improving reading comprehension in reading and listening settings: The effect of two training programmes focusing on metacognition and working memory. *British Journal of Educational Psychology*, *84*(2), 194-210.

Chapell, M. S., Blanding, Z. B., Silverstein, M. E., Takahashi, M., Newman, B., Gubi, A., & McCann, N. (2005). Test anxiety and academic performance in undergraduate and graduate students. *Journal of educational Psychology*, *97*(2), 268.

Chou, C. Y., Lai, K. R., Chao, P. Y., Tseng, S. F., & Liao, T. Y. (2018). A negotiation-based adaptive learning system for regulating help-seeking behaviors. *Computers & Education*, *126*, 115-128.

Corno, L., & Kanfer, R. (1993). Chapter 7: The role of volition in learning and performance. *Review of research in education*, *19*(1), 301-341.

Donker, A. S., De Boer, H., Kostons, D., Van Ewijk, C. D., & van der Werf, M. P. (2014). Effectiveness of learning strategy instruction on academic performance: A meta-analysis. *Educational Research Review*, *11*, 1-26.

Hadwin, A., & Oshige, M. (2011). Self-regulation, coregulation, and socially shared regulation: Exploring perspectives of social in self-regulated learning theory. *Teachers College Record*, *113*(2), 240-264.

Hadwin, A. F., Wozney, L., & Pontin, O. (2005). Scaffolding the appropriation of self-regulatory activity: A socio-cultural analysis of changes in teacher-student discourse about a graduate research portfolio. *Instructional science*, *33*, 413-450.

Jackson, T., Mackenzie, J., & Hobfoll, S. E. (2000). Communal aspects of self-regulation. In M. Boekaerts, P. R. Pintrich, & M. Zeidner (Eds.), *Handbook of self-regulation* (pp. 275-300). San Diego, CA: Academic Press.

Järvenoja, H., Volet, S., & Järvelä, S. (2013). Regulation of emotions in socially challenging learning situations: An instrument to measure the adaptive and social nature of the regulation process. *Educational Psychology*, *33*(1), 31-58.

King, K. A., Vidourek, R. A., Davis, B., & McClellan, W. (2002). Increasing self-esteem and school connectedness through a multidimensional mentoring program. *Journal of school health*, *72*(7), 294-299.

Labuhn, A. S., Bogeholz, S., & Hasselhorn, M. (2008). Fostering learning through stimulation of self-regulation in science lessons. *Zeitschrift Fur Padagogische Psychologie, 22*(1), 13-24.

Linnenbrink, E. A. (2007). The role of affect in student learning: A multi-dimensional approach to considering the interaction of affect, motivation, and engagement. In *Emotion in education* (pp. 107-124). Academic Press.

Linnenbrink-Garcia, L., Rogat, T. K., & Koskey, K. L. (2011). Affect and engagement during small group instruction. *Contemporary Educational Psychology*, *36*(1), 13-24.

Leopold, C., & Leutner, D. (2015). Improving students' science text comprehension through metacognitive self-regulation when applying learning strategies. *Metacognition and learning*, *10*, 313-346.

Michalsky, T., & Schechter, C. (2013). Preservice teachers' capacity to teach self-regulated learning: Integrating learning from problems and learning from successes. *Teaching and Teacher Education, 30*, 60-73. doi: 10.1016/j.tate.2012.10.009

McCaslin, M. (2009). Co-regulation of student motivation and emergent identity. *Educational psychologist*, *44*(2), 137-146.

Murayama, K., Goetz, T., Malmberg, L. E., Pekrun, R., Tanaka, A., & Martin, A. J. (2017). Within-person analysis in educational psychology: Importance and illustrations. *British Journal of Educational Psychology Monograph Series II*, *12*, 71-87.

Näykki, P., Järvelä, S., Kirschner, P. A., & Järvenoja, H. (2014). Socio-emotional conflict in collaborative learning—A process-oriented case study in a higher education context. *International Journal of Educational Research*, *68*, 1-14.

Ng, E., & Lee, K. (2015). Effects of trait test anxiety and state anxiety on children's working memory task performance. *Learning and Individual Differences*, *40*, 141-148.

Ohtani, K., & Hisasaka, T. (2018). Beyond intelligence: A meta-analytic review of the relationship among metacognition, intelligence, and academic performance. *Metacognition and Learning*, *13*, 179-212.

Panadero, E. (2017). A Review of Self-regulated Learning: Six Models and Four Directions for Research. *Frontiers in Psychology*, *8*, Article 422. https://doi.org/10.3389/fpsyg.2017.00422

Pekrun, R., Frenzel, A. C., Goetz, T., & Perry, R. P. (2007). The control-value theory of achievement emotions: An integrative approach to emotions in education. In *Emotion in education* (pp. 13-36). Academic Press.

Pintrich, P. R. (2000). The role of goal orientation in self-regulated learning. In *Handbook of self-regulation* (pp. 451-502). Academic Press.

Prince, M. (2004). Does active learning work? A review of the research. *Journal of Engineering Education*, *93*(3), 223-231. https://doi.org/10.1002/j.2168-9830.2004.tb00809.x

Räisänen, M., Postareff, L., & Lindblom-Ylänne, S. (2016). University students' self-and co-regulation of learning and processes of understanding: A person-oriented approach. *Learning and Individual Differences*, *47*, 281-288.

Rogat, T. K., & Linnenbrink-Garcia, L. (2011). Socially shared regulation in collaborative groups: An analysis of the interplay between quality of social regulation and group processes. *Cognition and instruction*, *29*(4), 375-415.

Saariaho, E., Pyhältö, K., Toom, A., Pietarinen, J., & Soini, T. (2016). Student teachers' self-and co-regulation of learning during teacher education. *Learning: Research and Practice*, *2*(1), 44-63.

Schraw, G. (2001). Promoting general metacognitive awareness. In *Metacognition in learning and instruction: Theory, research and practice* (pp. 3-16). Dordrecht: Springer Netherlands.

Schraw, G., Dunkle, M. E., & Bendixen, L. D. (1995). Cognitive processes in well-defined and ill-defined problem solving.

Applied Cognitive Psychology, *9*(6), 523-538.

Schraw, G., & Nietfeld, J. (1998). A further test of the general monitoring skill hypothesis. *Journal of Educational Psychology*, *90*(2), 236.

Splichal, J. M., Oshima, J., & Oshima, R. (2018). Regulation of collaboration in project-based learning mediated by CSCL scripting reflection. *Computers & Education*, *125*, 132-145. https://doi.org/10.1016/j.compedu.2018.06.003

Van der Stel, M., & Veenman, M. V. (2010). Development of metacognitive skillfulness: A longitudinal study. *Learning and individual differences*, *20*(3), 220-224.

Van der Stel, M., Veenman, M. V., Deelen, K., & Haenen, J. (2010). The increasing role of metacognitive skills in math: A cross-sectional study from a developmental perspective. *ZDM*, *42*, 219-229.

Vauras, M., Iiskala, T., Kajamies, A., Kinnunen, R., & Lehtinen, E. (2003). Shared-regulation and motivation of collaborating peers: A case analysis. *Psychologia: An International Journal of Psychology in the Orient, 46*(1), 19-37.

Veenman, S., Denessen, E., Van Den Akker, A., & Van Der Rijt, J. (2005). Effects of a cooperative learning program on the elaborations of students during help seeking and help giving. *American Educational Research Journal*, *42*(1), 115-151.

Veenman, M. V., Elshout, J. J., & Meijer, J. (1997). The generality vs domain-specificity of metacognitive skills in novice learning across domains. *Learning and instruction*, *7*(2), 187-209.

Veenman, M. V., Van Hout-Wolters, B. H., & Afflerbach, P. (2006). Metacognition and learning: Conceptual and methodological considerations. *Metacognition and learning*, *1*, 3-14.

Veenman, M. V., & Verheij, J. (2003). Technical students' metacognitive skills: Relating general vs. specific metacognitive skills to study success. *Learning and Individual differences*, *13*(3), 259-272.

Volet, S., Summers, M., & Thurman, J. (2009). High-level co-regulation in collaborative learning: How does it emerge and how is it sustained?. *Learning and Instruction*, *19*(2), 128-143.

Wolters, C. A. (2003). Regulation of motivation: Evaluating an underemphasized aspect of self-regulated learning. *Educational psychologist*, *38*(4), 189-205.

Xu, J., Du, J., & Fan, X. (2013). Individual and group-level factors for students' emotion management in online collaborative groupwork. *The internet and higher education*, *19*, 1-9.

Zachariou, A., & Whitebread, D. (2017). A new context affording for regulation: The case of musical play. *International Journal of Educational Psychology*, *6*(3), 212-249.

Zachariou, A., & Whitebread, D. (2019). Developmental differences in young children's self-regulation. *Journal of Applied Developmental Psychology*, *62*, 282-293. https://doi.org/https://doi.org/10.1016/j.appdev.2019.02.002

Zepeda, C. D., Richey, J. E., Ronevich, P., & Nokes-Malach, T. J. (2015). Direct instruction of metacognition benefits adolescent science learning, transfer, and motivation: An in vivo study. *Journal of Educational Psychology*, *107*(4), 954.

Zimmerman, B. J. (1986). Becoming a self-regulated learner: Which are the key subprocesses?. *Contemporary educational psychology*, *11*(4), 307-313.

Zimmerman, B. J. (1989). A social cognitive view of self-regulated academic learning. *Journal of educational psychology*, *81*(3), 329.

Zimmerman, B. J. (2000). *Attaining self-regulation: a social cognitive perspective*. UK: Elsevier.

Zimmerman, B. J., & Bandura, A. (1994). Impact of self-regulatory influences on writing course attainment. *American educational research journal*, *31*(4), 845-862.

Zimmerman, B. J., & Martinez-Pons, M. (1988). Construct validation of a strategy model of student self-regulated learning. *Journal of educational psychology*, *80*(3), 284.

Zschocke, K., Wosnitza, M., & Bürger, K. (2016). Emotions in
group work: Insights from an appraisal-oriented
perspective. *European Journal of Psychology of Education*,
31, 359-384.

第四章　科技輔助自律學習的
自學策略應用

　　根據前一章自律學習的一家人，我們知道自律學習的策略，可以導入在學生自學時使用，亦可以在學生進行小組合作活動時進行。因此，本章與下章將分別針對學生自學與小組合作學習的活動設計與規劃討論。

　　學生在自我反思的過程，包含了三個面向：自我觀察（self-observation）、自我檢核（self-judgement）以及自我行動（self-reaction）（Zimmerman，2000）。自我觀察（self-observation）提供學生自我導向學習的重要資訊。當學生接收到新任務的時候，他們會先進行自我察覺（self-awareness），包含個人情緒狀態、記憶重組、自我信念、任務價值評估以及先備知識等。這些因素，提供學生評量自己與目標距離的資訊；他們會在後續設定目標時，根據他們與目標的距離，來設計自己的階段性目標、時間安排等。而自我觀察的表現，則會基於學生的自我察覺資訊，他們在任務進行的前中後期，會不斷檢視自己與目標的距離，並試著感受自己每個狀態的改變以及自己能控制的程度。

　　自我檢核（self-judgement）是學生基於內在與外部的標準，來衡量自己目前的發展。除了從上述知道，學生的觀察與

檢核過程，會不斷與自己的目標、信念以及情緒等進行比較外，外部的標準亦會成為影響學生調整目標與策略的依據。外部標準大家應該多少知道，例如教師的要求、家長的標準、課業的規範等。也因為正規教育現場限縮了許多學生為自己設定標準的機會，所以我們很好想像這些外部標準。但在複雜的社會環境中，他人的表現、他人的策略或者社會的脈動等，都可能成為學習者形塑自己成就的依據。在檢核階段，學習者針對標準與發展進行檢核，並在一切狀態的權衡下，準備為自己進行下一步的規劃與行動。

自我行動（self-reaction）與其說是履行自己的目標，倒不如說是幫助自己維持最佳自律表現的行動。自我行動的表現，是一個人思考、感受與行動的綜合體，他會在執行目標的過程，為自己設下許多檢核點與休息站，除了用以調整自己的行動策略外，更提供自己維持高度學習動機的「獎賞」。例如，在寫書過程，每寫完一段，讓自己看一部喜歡的 Youtube 影片 5 分鐘；或在讀書過程，每讀完一個單元，讓自己嘗一口美味的甜點等。Bandura（1986）就說道，一個努力工作且持續經營的成功人士，會為自己達成目標時，提供自我滿足的機會。

在不同的教學環境，學生所表現的自律學習行為以及呼應的理論觀點可能有所不同。但其有共同的四個特性：自律學習是學生從行為、認知、後設認知以及動機方面展現自己積極的學習表現（Pintrich，2000；Zimmerman & Schunk，2001）。自律學習會因學生的目標與努力而不斷被觸發，學生會透過專注在目標活動以及選擇適當的策略來維持自律學習的節奏

（Sitzmann ＆ Ely，2011）；尤其當學生面臨的學習目標是相當聚焦地，例如：增加技能或能力時，他會展現出更好的自律學習表現（Schunk ＆ Swartz，1993）。接著，自律學習是一個動態且具有反思回饋機制的循環（Lord 等人，2010）。自律學習者會設定目標，並以後設認知來監測他們實現目標的進度。他們透過評估監控的結果與外界的回饋，對自己的目標與學習策略進行調整與反應，以實現自己的目標。例如，當學生發現自己舞蹈技能進步幅度不如過往時，他會透過檢視自己近期的學習進度以及聆聽師長的建議，來調整自己的練習策略。而策略的改變，亦有可能為學生樹立新的目標；例如，在精熟華爾滋舞蹈之前，學生須樹立一個新目標，則是做好擺盪訓練。最後，自律學習能持續進行，學生的學習動機至關重要（詳細理論可參考在第二章的動機理論說明）；它影響學生追求或放棄目標（Schunk ＆ Zimmerman，2012）。

　　自律學習者擁有廣泛的認知策略，並且能夠為他們的學習選擇有效的策略。此外，自律學習者會善用後設認知思考，並擁有適應性動機和態度，對各種學術環境做出反應。Wolters（2003）認為，這些特質加在一起，讓自律學習者能夠積極參與他們的學習。學生自律學習能力的發展是一個複雜的問題（Garcia et al., 2018）；他們在獲取知識或解決學習問題時，會採用不同的自律學習策略（Rienties 等人，2019；Tas 等人，2019）。在 1986 年，Zimmerman 和 Pons 採訪了學生，以探索他們在學習過程中的自律學習策略使用。他們將學生的自律學習策略分為幾類：自我評估、組織和轉化、目標設定和規劃、

尋求資訊與社會幫助、保持監控與複習紀錄、環境構建、自覺後果與時間管理。例如，在預想階段，學生通常會重新安排教材以改進自己的學習；之後，他們設定了排序、管理時間和完成活動的教育目標。在表現控制階段，學生採用多種策略，如尋求信息、監控學習狀態、佈置物理環境、尋求社會幫助等。最後，在自我反思階段，學生對自己的學習進行反思，如預演學習材料、想像後果、回顧自己的學習狀況。

表15　自律學習的策略面項

面項	說明
自我評估	學生主動進行自我評估，用來驗證程式設計練習。
組織和轉化	學生主動公開或隱藏地重新安排教材，以改進學習。
目標設定和規劃	學生設定教育目標和計劃，並完成與這些目標相關的活動。
尋求資訊與社會幫助	學生主動努力從社交與非社交來源獲取進一步的任務信息。
保持監控與複習紀錄	學生主動努力記錄事件或結果。
環境結構	學生主動努力選擇或安排學習環境，使學習更輕鬆。
自覺後果	學生想像成功或失敗可能的獎勵或懲罰。
時間管理	學生安排學習規劃，並依照規劃實踐

一、自我評估

自我評估過程是學生綜合評估當前任務的挑戰、自己的目

標以及過去的經驗等，用這些資訊當作參考依據，來對當前績效進行自我判斷。積極的自我評估會使學生有學習的自信心，並有動力繼續努力工作，因為他們相信自己有能力取得進一步的進步（Schunk，1991）。如果學生相信自己有能力取得成功，但目前沒有找到適當的方法，那麼他可能會通過更加努力地工作、堅持更長時間、採用他們認為更好的策略、或尋求老師和同伴的幫助來改變他們的自我調節過程（Schunk，1990）；接著，他會改變自己的監管策略，使其帶來成功（Zimmerman 等人，1992）。

早期許多研究已證實自我評估會影響動機和成就。例如，在兒童學習數學技能（Schunk & Hanson, 1985; Schunk 等人，1987）和寫作技能（Schunk & Swartz，1993）的研究表明，自我效能感（即能較有自信心評估自我能力）可以預測隨後的動機和技能獲取。Masters 和 Santrock（1976）也發現，如能仔細評估自我能力，並具體表現出自己的能力範圍者（例如：「我相信我可以贏得這次比賽」），比起自我批評或中立陳述（例如：「我覺得有進前十名就不錯了」或「我想我應該是沒有辦法」）的孩子在解決問題時能堅持得更久。

當然，這個自我評估，不是像 Masters 和 Santrock（1976）研究中所述說的相信自己可以贏得比賽而已。當學生在做這個評估時，他已經從過去的學習經驗、當前任務的難度以及自己的能力綜合評估可行性。這裡也顯示，如果要進行自律學習，讓學生先行知道整個任務全貌的重要性。在一般教學活動中，教師經常依照教科書的順序進行上課；但我們可以提供更細節

的規劃。如下表 16，一般教學活動可能只有第一欄與第二欄的
節次與單元內容，藉由第三欄的教學活動呈現，學生可以先預
估課堂中需要進行的活動。除此之外，學生可以先從要進行的
活動中，評估這些概念與他們過去學習的知識的連結；當他們
發現，過去的基礎內容在此刻會運用上，他會開始去回想過往
課程自己的學習表現，以預估自己在這個活動可能面臨的挑
戰。而對於精熟過去內容的學生，他同樣可以從這個單元規劃
中，確認自己學習的完整性。例如，節次 1 需要能解決兩道題
目，節次 2 需要解決進階題；他可以先從這些題目來評估自己
這堂課需要花多大的努力，是否有餘力去指導同儕或協助教師。

表 16　結合自我評估之單元內容規劃

節次	單元內容	教學活動
1	化學式、分子式與百分組成	1. 學生：學習實驗式及分子式的意義與求法 2. 教師：帶領進行實驗式、化學式、式量與質量比分比解題 3. 學生：有能力解決課本例題 2 與 3
2	結構式與示性式	1. 學生：學習結構式與示性式的意義與求法 2. 小組：進行結構式與示性式解題討論與分享 3. 學生：有能力解決單元練習的進階題

當然，如果這樣的評估機制，可以結合科技來進行，將會
有很大的幫助。舉例來說，在臺灣教育部建置的適性教學輔助
平台——因材網中，它包含了知識結構圖。這個結構圖，幫助
學生連結不同單元之間知識概念的熟稔程度。下圖 21 是一個示

意圖，每一個圓圈代表一個單元，連接線代表這兩個單元之間有某些概念的連接。換言之，單元 2 有許多的內容會應用到單元 3、4、5、7、10 以及 12 的學習。空心圓代表學生尚未開始進行這個單元的學習。實心圓代表學生已經精通這個單元的學習，斜線紋路的圓代表學生尚未精通這個單元。精通與否，可以依照學生在該單元的測驗結果進行診斷。如平台發現該生在該單元的學習狀況不佳（如觀看學習內容次數過低或測驗效果不佳），則會用斜線紋路的圓來提醒學生。這可以給學生一個訊號，舉例來說，假設他下一堂課要進行單元 4 的學習，學生可以很有把握，因為與單元 4 有關的基礎單元內容，如單元 2 或 3 他都是精熟的。他可以藉由該功能來評估他過去的學習經驗。但如果他要學習的是單元 14，那他必須做足相當的準備，甚至於他要趕快回頭複習之前的內容。因為，他在相關聯的單元，如單元 12，甚至於更往前的單元 7、8、12 都沒有學得很完整。而對於相當精熟每個單元的學生，知識結構圖也可以變成他的一個學習路徑；例如，他很喜歡單元 12 所提到的學習知識，如果他想先往上進行相關的學習，他知道他要朝單元 14 或 16 繼續進行學習。

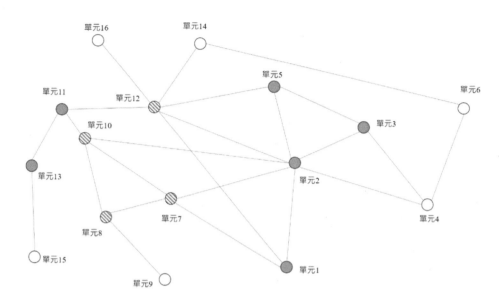

圖 21　運用科技提供單元知識結構做自我評估

二、組織和轉化

　　組織和轉化，即學生主動重新安排教材以提高學習效果。Zimmerman 和 Pons（1986）的研究中，他們發現，組織和轉化是可以用來區別高成就與低成就學生的一種自律學習策略。

　　組織，是代表學生會對預定要進行的工作先排出清單或大綱。我們舉一個實際一點的例子——寫作文。Hayes 和 Flower（1980）指出，組織內容占了寫作一個很重要的階段。Bloom（1988）進一步觀察九年級學生撰寫個人履歷文章的組織結構。他發現兩個最有組織性的預寫策略：大綱和列出清單，有做到這兩個其中之一的同學，能產生較高品質的文章。相反的，

如果是重寫主題和記下想法的同學，產出的文章品質較差。所以，組織是一個幫助我們將任務要做的事情裡清楚的過程。從寫作文來看，除了有常見的起承轉合的結構外，學生可以在其中分別加入重要且要描述的內容。這個重點並不是因為他記下了他要做的重點（那這樣會跟低品質的文章相似）；而是他剛開始設定好的組織結構，可以幫助他在列重點時，反覆檢視內容的相關性與邏輯性。如果我們把學習活動拉遠到整個課程或整個專案，他同樣可以具有組織性與邏輯性。當我今天開始要寫一本書，我們會開始經歷許多考慮。例如：時程安排、章節規劃、資料來源以及案例來源等。我們會開始列出各章節的主題，甚至於到每一節的內容，確認各主題的先後順序。除此之外，我們會參照工作時間以及檔次，預估每個章節需要花費的長度。還有，每個主題的內容來源為何？資料是否可搜尋到？是否有需要他人協助等。在這裡，作者會重複回頭跟自我評估進行輪迴；因為，他需要知道這些章節的熟悉程度，以評估自己可能要花多少功夫；此外，他需要知道他過去、現在與未來接觸相關議題的機會，以選擇適當的時間著書。

轉化則是一種與組織密切相關的策略，它包括將材料從舊的改編為新的歷程，以評估將舊經驗運用到新任務的可行性。轉化過程，有幾個重要指導原則（Kintsch & van Dijk，1978）：刪除、概括以及建構。刪除，是列出過去經驗中的每個手法，並將這些手法模擬進入新任務，確認可使用與不合適的策略。概括，是將過去經驗中的策略，配對到新任務可能使用的策略中；並確認這些事情的先後順序。最後，建構，是為新任務中

待解決而無法在舊經驗中找到方法的步驟，建構新的解決策
略。這樣講，當然是很抽象。再舉一個例子，今天我們有一個
新任務，嘗試用家用機械式烤箱做出南瓜泥烤雞。這是這位小
廚師的創意發想，他從網路影片中看到 Youtuber 在南瓜殼中放
入雞肉，直接放入火堆裡進行烘烤。他想嘗試在家中用烤箱完
成這件事情。於是乎，他開始將舊經驗進行拼湊，包含：用烤
箱烤雞肉塊的技術、用烤箱烤馬鈴薯的技術與步驟以及南瓜濃
湯的烹煮技巧與步驟（這些是他過去烹飪的經驗），如圖 22
所示。每個技術裡面都包含許多步驟，每個步驟都隱藏小廚師
過去的操作策略。在這一步他需要去做轉換，烤雞的技術相同，
那他可以直接將過去的經驗複製過來（概括）；以前沒烤過南
瓜泥，但有烤過馬鈴薯，所以水煮時間與火候不一定能參考，
但調味技巧可能可以（概括）。南瓜濃湯的烹住的火候跟時間
跟這次不同，不能參考（刪除）。所以，關於最後的火候與時
間，可能要從烤雞肉塊過去的時間，再往下推估（建構）。

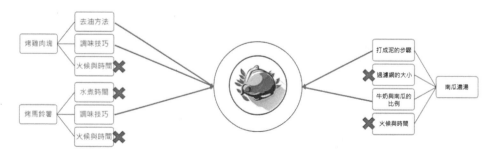

圖 22　從舊經驗轉化烹飪步驟與策略

　　這個步驟，是銜接自我評估以及下一節目標設定的重要環節；學生在此階段會來回檢視這些策略的可行性。Johns（1985）就曾表示，準備不足的學生，多數的思考經常從教科書中直接複製而來，較少擁有自己對目標的連接性。

三、目標設定與規劃

　　這一節來到當我們問學生自律學習為何時，他們最常提到的：目標設定與規劃。這裡，是集結前兩步驟，並開始要往任務實施進行的重要一個步驟（所以，你發現了嗎？自律學習目標設定並不是最初起的步驟。）。這個步驟，我們在第二章說明動機理論的時候，就有提到學習者動機對目標的關聯性。

　　根據目標導向理論，個體會設定自己對任務表現的成功與失敗。我們前面談過了精熟目標跟績效目標，所以我們知道了，每個人在設定目標時，會有不同的目標價值（Pintrich，2000）。而這些目標，會導向最後的成功與失敗。就以剛剛的南瓜泥烤雞肉來說，績效目標可能是：「我想做出南瓜泥烤雞肉」，而精熟目標可能是：「我先試著做出來，然後再看看如何把它調整得更好吃」。這兩個狀況，其實是兩種不同的目標。前者的目標終點是到完成這道料理就結束，但後者會持續；而且，為了精熟這個目標，這位廚師在過程中的參與將不同；他會特別在意加了多少的調味料、烘焙了多少時間以及要用哪一種品種的南瓜等等。所以，你發現了嗎？目標傾向的不同，不只反映出結果，連過程都有可能不同。

　　在生活中，我們經常在做績效目標的設定。如果你有用Google 日曆，我們可以一起打開來看，我們訂過哪些目標呢？例如：上課-教學媒體與運用、準備科技融入教學演講、定期回診等。這些目標的結束，都會在設定的時間過後即結束。但精熟的學習者，他會從設定的目標中找出問題，並嘗試解決問題。例如，這位老師，他行事曆原本的目標是上課以及修課。這件事情每個禮拜會結束一堂，18 週左右會該學期結束。但如果他要設定的是精熟目標，他會開始從中找尋待解決的問題，如表17。例如，課程可以如何改善，這是這位老師想解決的教學問題。但這個問題其實很廣泛，他需要找一些能解決這個問題的具體方案。所以他列下來了，關心學生狀況、關注學生回饋以及定期修改課程是可能可以改善課程的方案。最後，這些方案要如何落實，他列出幾個從教學現場可以獲得資訊的方法，包含從學生學習狀況來找出教學問題。從學生給的回饋來決定要保留跟剔除哪些單元；最後，要定期更新教學影片，讓自己的教學影片保持在最新狀態。

表 17　精熟目標的制定

行事曆績效目標	問題	具體方案	策略
上課-教學媒體與運用	課程如何改善？	關心學生狀況 關注學生回饋 定期修改課程	從學習狀況找教學問題 從學生回饋保留或剔除單元 定期更新影片
修課-數據分析	如何有效學習？	搭配實作練習 實際發表期刊 嘗試教導他人	找尋有實作的課程或練習題 結合自己研究議題進行研究 組成研究小組

四、尋求資訊與社交幫助

　　尋求資料與社交幫助是一個高度社會互動的過程（Mäkitalo-Siegl 等人，2011）。對涉及資訊尋求的研究，Zimmerman 和 Pons（1986）曾述，相較於組織和轉化的行為，尋求幫助更加稀少。Nelson 和 Hayes（1988）曾關注大學生撰寫文章，並追蹤他們尋找資訊的方式。他們從搜尋資料的方法中發現，大學一年級的新生經常採用內容導向的方式來蒐資料，即他們針對老師提出來的議題直接找尋內容。而較高年級的學生，他們會嘗試去找更多原始資料，消化這些資料內容，來提出論點或更引人注目的討論。

　　Karabenick 和 Knapp（1991）曾將尋求協助模型分類成正式尋求協助與非正式尋求協助。正式尋求協助包含對教師或專家進行面對面諮詢；非正式尋求協助包括找尋資料或者請益其他同儕等。Nichols-Hope 和 Beach（1990）發現，在資訊搜索任務中，隨著任務的複雜性增加，受試者會查找更多資訊。然而，在社交互動之前，心理因素在尋求協助行為中起著關鍵作用（Kitsantas 和 Chow，2007；Kozanitis 等，2007；Ryan & Shin，2011）。學生可能因為自尊等問題，不好意思將自己的弱點或需求暴露在外。Karabenick（2011）曾指出，科技支持的環境改變了學生尋求協助的動機。研究還表明，網路環境有利於大學生尋求來自正式來源（如教師）的幫助，因為學生更有隱私與機會去反思且獲得完整的評論，這個比面對面尋求幫助減少了威脅性的互動（Kitsantas & Chow，2007；Puustinen 等人，

2015）。Cavenagh（1989）的研究更顯示，在課程中善用非正式尋求幫助的學生，他們找尋資料的時間與學習表現有著高度的相關。

　　Cheng 和 Tsai（2011）修改了 Karabenick 和 Knapp（1991）提出來的框架，認為學術上的尋求協助可包含網路資訊蒐集（例如透過網路找尋可以解決問題的訊息）、正式諮詢（例如向教師或助教請求協助）和非正式諮詢（例如向同儕或未知專家請求協助）。但有趣的是，在他們的研究中，發現網路資訊蒐集對學習並沒有起到核心作用；此外，在他們團隊後續的研究中也發現，大學生傾向於用較淺層的策略來評估他們從非正式諮詢中獲得的訊息（Hsin 等人，2016）。而從這裡，我們可能會開始困惑資訊科技甚至於尋求資訊與社交幫助學生學習的有效性。但還是回歸到 Nelson 和 Hayes（1988）曾說到，學生可以找尋更多的原始資料，消化這些資料後，來提出更好的論點。如此，學生在尋求資訊與社交幫助的過程，他不會是只有為了一個答案而來，他是會抱著一連串的問題，而且他嘗試從這些問題中，獲得能達到精熟目標的答案。

五、保持監控與複習紀錄

　　從後設認知的角度來看，調節過程是一個反饋循環，由兩個關鍵元素組成（Nelson & Narens，1994）：監控進度（以確定當前狀態與期望結果之間的差距）以及根據反饋調整行動。

準確的自我監控很重要，因為它影響個體對表現的評估和對認知和行為反應的控制（Schraw & Moshman，1995）。

　　根據自律學習的理論框架，循環過程包括目標設定、進度監控、反思和評估（Zimmerman & Moylan，2009）。在追求目標時，自律學習者會動用一系列認知、後設認知和動機策略（Boekaerts，1999）。在層次的底部是認知策略，例如記憶、組織和詳述。認知策略的功能是將新獲取的信息整合到自己的現有知識結構中。在層次的中間是計劃、監控和控制、評估和反思等後設認知策略。後設認知策略用於在自律調節學習的各個階段（例如計劃、執行、評估）中管理和協調認知策略。在上層的是動機策略，例如自我指導、自我強化和環境控制，這主要用於調節內部和外部資源，以及啟動和維持目標的追求（Boekaerts，1999；Corno，1993；Wolters，2003）。可以看出，後設認知的監控和控制是自律學習的基石（Efklides，2011）。

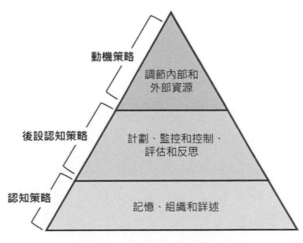

圖 23　自律學習策略層次

　　行動控制理論確定了進度監控在目標設定和目標達成中的重要調節腳色。目標設定提供了一個基準，用於評估行動是否達到了明確定義的標準或參考點（Carver & Scheier，1982）。目標追求涉及到進度監控，這可以確保我們的意圖被轉化為實際行動（Kuhl，1985，1987）。自我監控是一種自我管理技能，它包括自我觀察（例如問自己「我這樣的步驟是對的嗎？」）和自我記錄（例如，在行事曆上標記「已完成」或「未完成」）。它是一個包含多個步驟的過程，其中包括：確定需要改進的具體行為、注意這些行為為何發生以及記錄這些行為發生的頻率和持續時間，將實際情況與標準進行比較，並最終制定出改變計劃（Chan 等人，2014）。換言之，監控讓個人了解他們以何種方式、多麼頻繁以及多麼好地實施了期待的或是不希望的行為，這對推動行為反應是至關重要的（Bandura & Cervone，1983）。這種理解有助於我們更好地控制自己的行為，更準確地達成我們的目標。

　　自我監控在學生的學習過程中是有益的（Santoso 等人，2019）。通常，它會要求學生觀察自己的行為並記錄是否與他們所追求的目標行為相符。換句話說，學生在學習中首先應該設立目標。在學習過程中，他們觀察並記錄自己的學習活動，以確保自己正朝著實現這些目標的方向前進。監控提供了學生一個參考依據，幫助學生檢核目標以及目前的狀況是否匹配；透過這個監控，學生除了知道自己目標是否達成外，更可以了解自己的優勢與弱勢（Zimmerman，2002）。

　　自我監控可以成為任何教育階段的學生的一種有用方法

（Mitchem & Santrock，1976）。對於在學業和行為方面需要
扶助的學生來說，自我監控介入在學習過程中是一種靈活、有
效且有價值的方式。近幾年來，因為科技的幫助，自我監控逐
漸轉為運用科技輔助自我監控。大家可能有聽過學習儀表板，
他通常是一個學習系統的一部分。他經常用來記錄學生的學習
歷程，包含：觀看影片的次數、答題測驗次數、與同儕互動次
數等等。最近幾年，更有一些學習儀表板會把資料之間做交叉
討論，比方說你觀看影片的次數跟你答題答對次數的關係；又
或者你的成績是否會因為你與同儕互動次數較高，而變得更
好。如果舉一個非學習的例子，如果你有在使用 Youtube 工作
室，你應該會發現，Youtube 會幫你記錄有多少人看過你的影
片以及每一部影片被觀看的重點區域在哪裡等等。這些資訊，
都會變成你下一次上傳新的一部影片的參考資料。同樣的，研
究者也認為，學習儀表板也有類似的功能。

　　許多學者一開始是從線上學習的環境來進行學習儀表板的
服務建置（Heikkinen 等人，2023；Bodily & Verbert，2017），
Pérez-Álvarez 等人（2018）曾經透過文獻回顧方法探索有支持
自律學習的線上學習環境。他們發現，大多數的環境都應用在
高等教育中。多數是提供可視覺化的數據，數據中所呈現的內
容多為與學生在線上學習環境的使用行為，例如看影片、點擊
資料、回覆等等。但關於這些行為與自律學習之間的關係性卻
是較少討論的。在 Sønderlund 等人（2019）的文獻回顧研究中，
同樣也看到類似的現象。他們探討了學習儀表板對學生學習成
就的關係性；結果發現，有儀表板的輔助，學生的學習成效較

好。又如同 Viberg 等人（2020）得出結論，學習儀表板尚未被
用於支持自律學習。當時的階段，學習儀表板比較重於測量學
生自律學習表現，較少有證據表明其對學習成果或支援教學的
效果。

　　不過，逐漸地，有學者開始發現儀表板與自律學習之間的
關係（Matcha 等人，2020）。在前幾年的學習儀表板中，科技
比較像是扮演著自我紀錄的腳色，幫助學生記錄他在學習平台
中是否完成績效目標。而在這往後的研究，科技開始轉而扮演
幫助學生觀察，甚至於是給予學生回饋的腳色。例如，Wong
等人（2019）從分析磨課師中的自律學習紀錄；他發現科技在
線上學習中經常扮演的監督腳色是給予提示、提供學習資源以
及給予回饋。從這個研究開始，我們可以發現科技從提供學習
儀表板的功能，轉而到從儀表板分析學生的表現，並給予學生
回饋。

　　從這裡，我們大概可以知道科技運用在學習監控的演進。
一開始，科技用來輔助學生做自我紀錄。這也是現在許多學習
平台可以做到的事情，他透過記錄與呈現學生的歷程，讓學生
了解他目前的學習進展。接著，科技開始幫助學生進行自我觀
察與調整實際行動。科技開始從他蒐集到的學生歷程中，產出
可能對學習有幫助的提示，例如：每個影片的觀看次數與成績
的關係、這個單元學生與同儕的學習狀況比較以及這個科目學
生的學習歷程檢視等。甚至於，科技可以直接告訴學生，目前
學生的學習狀況應該朝哪部分調整。

　　不過，有趣的是，如果我們回顧 Boekaerts（1999）所提的

自律學習策略層次以及我們在第一章討論了自律學習的意義；
自律學習期望學生能從一次次學習中，增加自己學習的韌性。
Moos（2011）的研究更與我們傳遞了一件事情。他研究了在數
位學習平台中，分別給學生問題與回饋對學生學習表現的差
別。他發現，雖然給予學生回饋能使他們的學習自我效能提升；
但他們採用的自律學習策略是少於只有拿到問題的學生。所
以，大家可以試想看看，科技在這裡扮演的腳色，應該要如何
較好？

六、環境結構

　　自 1970 年以來，控制點理論（Locus of Control）已被認
為是影響個人對周遭環境自覺與轉變行動的主要因素之一（Alp
等人，2008; Ernst 等人，2017）。在前述的三元學習理論中，
我們知道影響學習的三大要素是個人、行為與環境。而這個環
境並不是只有人，當然還包含實體的環境；這些環境的變動，
也都不斷地在改變我們學習的狀態。我們應該都聽過一個歷史
故事，孟母三遷；她為了孩子創造好的教育環境，因此不斷搬
遷挑選好的居住環境。舉生活上的例子，今天我到咖啡廳裡讀
書，發現隔壁有一群人正在討論事情；我可能會嘗試坐遠一點，
或者換一個安靜的地方讀書。總之，人們會有意識地去選擇特
定教育環境（Jensen & Schnack，1997; Korfiatis & Petrou，
2021）。

　　前面所說，多與跟實體環境有關；但有時候我們也有可能出自外部原因（如班級規範、同儕與教師等因素）或內部因素（如自己的價值觀與持續性）而採取某些特定的環境選擇。例如：依照班級公約，這段時間大家需要安靜地在教室裡念書；又或者是，今天我選擇待在家裡念書，雖然不一定是最好的環境，但這個選擇可以幫我省下許多交通往返時間等。

　　從上述來看，個體能自主地挑選環境，但挑選環境包含了許多考量；上述舉的例子，多數從我們當下能發現的以及不同事件的權衡來決定學習環境；不過，自我觀察也有可能百密一疏。Zimmerman 等人（1996）曾建議運用紀錄表來記錄自己的學習狀況。如表 18 為例，學生可以記錄自己每天所處的學習環境對自己學習效果的看法。從表中可以看到，學生記錄每天的學習時間、地點、干擾的事物、增強學習的事物以及學習信心。學習信心的紀錄是請學生根據自己完成這次學習後的自信心進行評估，這個信心可以來自於他是否有完成今天的任務，或者他是否有通過今天的測驗等。而我們希望學生從這個表去挑選出自己最適合讀書的地方。因為，如果單純從學生的觀察或感受來評估學習環境的優劣，有可能學生會忽略一些重要的事物。舉例來說，我們從前四天（8/5-8/8）的學習來看，學生後兩天的學習信心較前兩天低，所以我們大概可以推論，如果他學習的場域中有出現其他人物（如隔壁桌的人，或者貓），那有可能變成是干擾他學習的事物。但如果是隔壁施工的工地，那是一個不變但也不會跑過來影響他的事物，所以對他不一定會造成干擾。接下來，在增強學習事務上，我們能知道這位學

生無法靠獎勵來進行學習。因為，後兩天他都有給予自己獎勵，但並沒有看出顯著的效果性。我們再來看最後一天，雖然這一天學生認為他身邊沒有任何干擾事物，但其實他的學習信心並沒有比在家或辦公室好。如同我們前述，這位學生的學習場域中如果有出現其他人，即使他沒有感覺，但有可能也是影響他的事物。這個表除了告訴我們場地的挑選外，我們應該也說過，環境因素其實包含具體與抽象的，在環境中的聲音、同儕、物品等都有可能是影響學習的事物。一開始練習自律學習的學生，有可能需要這樣一張表先來提醒自己觀察周遭的細節；也許到成熟一點的自律學習者，這張表單可能就不需要。但本書作者鼓勵，無論是高階或初階的自律學習者，這個表單可以時不時拿出來使用。因為，人的學習偏好是會不斷改變，我們的環境也是不斷在調整；不妨在生活中多改變學習的策略或環境，嘗試不同的方法，也許可以更認識自己。

表 18　評估環境的方法

日期	時間	地點	干擾你的事物	增強學習的事物	學習信心
8/5	11:00-19:00	在一個人的房間	無	EyeLoveU 切割學習時間	4 分
8/6	13:30-19:00	辦公室	隔壁施工的工地	EyeLoveU 切割學習時間	4 分
8/7	11:00-18:00	咖啡廳	隔壁的聊天聲	用甜點犒賞自己	3 分
8/8	13:00-17:00	老家房間	貓睡在我筆電上	告訴自己完成一個段落，可以吸貓一下	3 分

日期	時間	地點	干擾你的事物	增強學習的事物	學習信心
8/9	13:00-18:00	文化中心自習室	無	EyeLoveU 切割學習時間 休息時，觀察他人的學習	3 分

七、自覺後果

　　自覺後果是指學生在學習過程，努力爭取或想像成功的獎勵，以及對失敗懲罰的感受。根據 Garcia 等人（2018）的文獻回顧，目前多數的教學現場是採用提供給學生具競爭性的學習環境，來刺激學生產生自覺後果。他們會使用一些競爭或獎勵機制，讓學生採取接近績效目標的方式來參與學習。

　　有一種研究認為有效的競爭與獎勵方法，叫做遊戲化（Gamification）。他將獎勵當作鼓勵學生的手段，讓學生在非遊戲化的環境下學習（Deterding 等人，2011）。例如，Sun-Lin 與 Chiou（2017）的研究結果發現，獎勵機制介入會對學生的學業成績以及學習態度產生積極的效果。而 Park 等人（2019）進一步的探討不同的獎勵機制對學生學習表現影響；該研究安排一組學生給予替代性酬賞（根據學生的學習表現給予遊戲所需的道具），而另一組學生給予一般性酬賞（根據學習表現給予得分）。經研究得知，給予學生替代性酬賞能使學生在學習英語詞彙時，有更高的學習表現、學習動機以及學習參與度。近幾年來，許多資訊科技以開始介入並開發許多具遊戲化元素

的工具，來幫助教師鼓舞學生的學習動機（本書可能先把他們歸類為提升外在動機）。例如，許多老師經常是用的 Kahoot，他是一個透過答題獲得積分，藉此讓學生參與競賽並複習學習內容的遊戲化工具。Blooket 遊戲化工具以 Kahoot 為基礎，加入了遊戲的不確定因素與替代性酬賞；讓學生在答題過程還必須使用一些遊戲策略，來獲得更高的遊戲榮譽。除了跟答題結合的遊戲化工具類型，另有一些遊戲化工具導入班級經營或專注學習中。舉例來說，均一教育平台的學習徽章機制，學生在完成平台建議的學習活動後，即可獲得對應的徽章；因材網的因雄崛起或飛英任務，搭配了一些遊戲劇情，讓學生在邊參與遊戲劇情的過程邊進行答題。又例如 Classdojo 用在輔助教師的班級經營，教師可以設定一些加分與減分機制（例如：學習時幫助同學可加 1 分；在課堂上吵鬧會減 1 分）；每位學生在平台上會化身成一位虛擬怪獸，老師會對他們的怪獸進行加分或減分，藉此鼓勵學生積極參與學習活動。

　　但是，有部分學者卻發現給予獎勵或處罰與學生的學習表現並不存在關係。例如，Filsecker 與 Hickey（2014）調查學生在玩遊戲時的動機、參與度以及學習表現。雖然，透過外部獎勵，不會削弱學生的學習動機；但亦不會促進學生的課程參與。該研究亦發現獎勵機制僅有利於學生概念理解，對於學生的整體學習成就無顯著效益。McKernan 等人（2015）更發現，獎勵給予的多寡無法影響學生間的行為與偏見。更進一步的發現，獲得越多獎勵的人，雖然對遊戲的體驗有更積極的看法，但他們並未表現出優異的學習成果。

　　當然，我們很難在教學現場實施接近精熟目標的自覺後果活動，因為這些接近精熟目標的任務不一定是在一堂課程裡用一個任務就可以決定的。但我們可以試想幾種可能性：

1. 將獎勵機制與正向學習行為進行連結

　　如同 Cameron 和 Pierce（2002）所述，酬賞的條件必須是多元且明確定義，否則將難以對學生的學習產生效果。所以，教師可設計多元的獎勵機制，以免讓學生覺得我唯一獲得獎勵的方式就是答題。例如：幫助組上同學得分、為答題者補充更有深度的內容、協助其他組的同學完成任務等。上述獲得獎勵的規則，不單只包含學生精熟內容，他必須還要把知識應用到其他地方；而且這些任務不一定是搶快的人就能達到，有時候需要花一些時間，而且需要付出其他種努力來獲得。當然，教師也需要注意，獎勵的規則盡量圍繞在學習行為上；幫助他人、進行深度學習以及合作完成任務，其實都與我們前面談到的其他自律的正向學習表現有關。所以，我們可以透過鼓勵學生產生其他學習行為，來改變其在課堂中的積極參與程度。

2. 引導學生設立短期與長期目標

　　學習的成就感除了來自於外界給予的獎勵外，完成學習任務也會產生對應的成就感。這也凸顯讓學生設定自我學習目標的重要性。教師可以引導學生為自己設定學習目標，當然教師可以適時地引導學生對自己設定的目標增添一點挑戰性。當學生能克服自己的挑戰後，他的學習自我效能將會改變。我們也正用另外一種方式引導他感受自覺後果：「今天我努力達到了

這個目標，我感受到那一份自信心的提升。我開始期待，我下一個任務完成時，我會是多麼開心。」

八、時間管理

　　時間管理是指學生在進行學習活動時，對自己原定的時間安排自覺與管理的過程。這個策略應該是多數人在執行自律學習時，經常運用的策略。而這項策略也在許多的研究中看到他的重要性。例如：Song 等人（2004）的研究中說明，學生在線上學習環境中取得成功的關鍵因素，最重要的是時間管理，其次才是課程設計、平台易用性以及學習動機。

　　Kizilcec 與 Halawa（2015）認為，學生需要運用計畫與時間管理等技能，以幫助他們自主的完成目標。在他們後續的研究中，就發現了 6 種學生在磨課師學習時所使用的策略：目標設定、策略計劃（含時間管理）、自我評估、任務策略、新舊知識的連結以及求助。結果顯示，有採用目標設定以及策略計畫的學生，他們更容易實現他們的目標。

　　同樣，有些研究也說明了沒有有效的時間管理對學習帶來的負面影響（You，2012）。Wighting、Liu 和 Rovai（2008）指出，參與程度或表現延遲是參與學習的重要指標，他們強調數位學習環境中的學生需要更多的內在動機來防止拖延。You（2015）也提到缺勤和遲交會對最終課程成績和考試成績產生負面影響。這些結果與先前研究中報告的結果一致（Akinsola

等人，2007; Michinov et al., 2011），並經經驗證明學業拖延
對數位學習課程成績的負面影響。

　　而如何做到有效的時間管理，也如同 Kizilcec 與 Halawa
（2015）所述，與目標設定及自我評估其實有關。首先，學生
一定要先衡量自己的能力、任務的挑戰以及過去的學習經驗，
以從中確認自己是否勝任任務，以及這項任務需要花多少時間
來完成。所以，Zimmerman 等人（1996）也為學生在目標設定
規劃一個表單，本書改編如表 19；我們可以鼓勵學生為他們每
週的學習設定學習目標，以鼓勵他們固定有循環的完成某些事
情。例如，學生可以設定英語學習規劃單。在學習任務欄位，
評估與放入自己期望完成的任務。當然，這裡有些任務可能是
老師給的，例如每天複習課程內容以及完成單元習題。有些是
額外學生想要進行的，例如聽 podcast 或練習寫短文。學生可
以在目標設定時，自己畫押預定完成的時間，例如每天複習課
程內容，所以在每天的規劃欄位都打勾。至少聽 podcast 三遍，
他可以思考自己哪幾天比較有空（當然也需要考量其他課程作
業），所以他自己排定了週二、三與四完成。

表 19　目標設定與時間管理表單

本週學習任務	規劃／完成	週一	週二	週三	週四	週五	滿意度
1. 每天複習課程內容	規劃	V	V	V	V	V	5
	完成	V	V	V	V	V	
2. 至少聽 15 分鐘的 podcast 3 遍	規劃		V	V	V		3
	完成		V		V		

本週學習任務	規劃／完成	週一	週二	週三	週四	週五	滿意度
3. 完成單元習題	規劃			V			2
	完成				V		
4. 練習寫一篇短文	規劃					V	3
	完成					V	
你覺得有哪些因素,使得你本週的學習成功／失敗呢?							

　　而這張規劃單也可以同時是監控單,他可以在每天完成學習後,勾選自己今天完成的狀態。例如每天都有確實完成複習或者今天沒有時間聽 podcast。滿意度則用來讓學生評估這一週學習自己的滿意程度;5 分代表最滿意,反之,1 分則代表非常不滿意。我們並不是要用這一張表,來懲罰學生或讓學生知道後果;而是要讓學生自我評估,在眾多課程以及活動要進行的日子裡,他自己能為英語學習付出多少時間。透過表單的觀察,他可能發現自己定了太多完成不了的目標,又或者他並沒有考量到自己其他課程的時間安排。從最後討論成功與失敗的原因,引導學生在下一階段的目標設定時,制定更適合的學習目標以及更合適的學習時間。

參考文獻

Akinsola, M. K., Tella, A., & Tella, A. (2007). Correlates of academic procrastination and mathematics achievement of university undergraduate students. *Eurasia Journal of Mathematics, science and technology education*, *3*(4), 363-370.

Alp, E., Ertepinar, H., Tekkaya, C., & Yilmaz, A. (2008). A survey on Turkish elementary school students' environmental friendly behaviours and associated variables. *Environmental education research*, *14*(2), 129-143.

Bandura, A. (1986). The explanatory and predictive scope of self-efficacy theory. *Journal of social and clinical psychology*, *4*(3), 359-373.

Bandura, A., & Cervone, D. (1983). Self-evaluative and self-efficacy mechanisms governing the motivational effects of goal systems. *Journal of personality and social psychology*, *45*(5), 1017.

Bloom, D. S. 1988. The graphic prewriting representations of selected ninth-grade writers during formal assessment of a writing sample (Doctoral dissertation, Rutgers University). *Dissertation Abstracts International*, 49: 10A

Bodily, R., & Verbert, K. (2017). Review of research on student-facing learning analytics dashboards and educational recommender systems. *IEEE Transactions on Learning Technologies*, *10*(4), 405-418.

Boekaerts, M. (1999). Self-regulated learning: Where we are today. *International journal of educational research*, *31*(6), 445-457.

Cameron, J., & Pierce, W. D. (2002). *Rewards and intrinsic motivation: Resolving the controversy.* Bergin & Garvey.

Carver, C. S., & Scheier, M. F. (1982). Control theory: A useful conceptual framework for personality-social, clinical, and health psychology. *Psychological bulletin*, *92*(1), 111.

Cavenagh, R. W. (1989). Learner information-seeking behavior resulting from two modes of goal-setting interventions derived from NPI theory (Doctoral dissertation, Indiana University). *Dissertation Abstracts International*, *49*, 3692A.

Chan, P. E., Graham-Day, K. J., Ressa, V. A., Peters, M. T., & Konrad, M. (2014). Beyond involvement: Promoting student ownership of learning in classrooms. *Intervention in School and Clinic*, *50*(2), 105-113.

Cheng, K. H., & Tsai, C. C. (2011). An investigation of Taiwan University students' perceptions of online academic help seeking, and their web-based learning self-efficacy. *The Internet and Higher Education*, *14*(3), 150-157.

Corno, L. (2023). Student volition and education: Outcomes,

influences, and practices. In *Self-regulation of learning and performance* (pp. 229-251). Routledge.

Deterding, S., Dixon, D., Khaled, R., & Nacke, L. (2011, September). From game design elements to gamefulness: defining" gamification". In *Proceedings of the 15th international academic MindTrek conference: Envisioning future media environments* (pp. 9-15).

Efklides, A. (2011). Interactions of metacognition with motivation and affect in self-regulated learning: The MASRL model. *Educational psychologist*, *46*(1), 6-25.

Ernst, J., Blood, N., & Beery, T. (2017). Environmental action and student environmental leaders: Exploring the influence of environmental attitudes, locus of control, and sense of personal responsibility. *Environmental Education Research*, *23*(2), 149-175.

Filsecker, M., & Hickey, D. T. (2014). A multilevel analysis of the effects of external rewards on elementary students' motivation, engagement and learning in an educational game. *Computers & Education*, *75*, 136-148.

Garcia, R., Falkner, K., & Vivian, R. (2018). Systematic literature review: Self-Regulated Learning strategies using e-learning tools for Computer Science. *Computers & Education, 123*, 150-163. https://doi.org/https://doi.org/10.1016/j.compedu.2018.05.006

Hayes, J. R., Flower, L. S., Gregg, L. W., & Steinberg, E. R. (1980). Cognitive processes in writing. *Identifying the organization of writing processes*, 3-29.

Heikkinen, S., Saqr, M., Malmberg, J., & Tedre, M. (2023). Supporting self-regulated learning with learning analytics interventions - a systematic literature review. *Education and Information Technologies*, *28*(3), 3059-3088. https://doi.org/10.1007/s10639-022-11281-4

Hsin, C. T., Cheng, Y. H., & Tsai, C. C. (2016). Searching and sourcing online academic literature: Comparisons of doctoral students and junior faculty in education. *Online Information Review*, *40*(7), 979-997.

Jensen, B. B., & Schnack, K. (2006). The action competence approach in environmental education: Reprinted from Environmental Education Research (1997) 3 (2), pp. 163-178. *Environmental education research*, *12*(3-4), 471-486.

Johns, A. M. (1985). Summary protocols of "underprepared" and "adept" university students: Replications and distortions of the original. *Language Learning*, *35*(4), 495-512.

Karabenick, S. A. (2011). Classroom and technology-supported help seeking: The need for converging research paradigms. *Learning and instruction*, *21*(2), 290-296.

Karabenick, S. A., & Knapp, J. R. (1991). Relationship of

academic help seeking to the use of learning strategies and other instrumental achievement behavior in college students. *Journal of educational psychology*, *83*(2), 221.

Kintsch, W., & Van Dijk, T. A. (1978). Toward a model of text comprehension and production. *Psychological review*, *85*(5), 363.

Kitsantas, A., & Chow, A. (2007). College students' perceived threat and preference for seeking help in traditional, distributed, and distance learning environments. *Computers & Education*, *48*(3), 383-395.

Kizilcec, R. F., & Halawa, S. (2015, March). Attrition and achievement gaps in online learning. In *Proceedings of the second (2015) ACM conference on learning@ scale* (pp. 57-66).

Korfiatis, K., & Petrou, S. (2021). Participation and why it matters: children's perspectives and expressions of ownership, motivation, collective efficacy and self-efficacy and locus of control. *Environmental Education Research*, *27*(12), 1700-1722.

Kozanitis, A., Desbiens, J. F., & Chouinard, R. (2007). Perception of Teacher Support and Reaction Towards Questioning: Its Relation to Instrumental Help-seeking and Motivation to Learn. *International Journal of Teaching and Learning in Higher Education*, *19*(3), 238-250.

Kuhl, J. (1985). Volitional mediators of cognition-behavior consistency: Self-regulatory processes and action versus state orientation. In *Action control: From cognition to behavior* (pp. 101-128). Berlin, Heidelberg: Springer Berlin Heidelberg.

Kuhl, J. (1987). Action control: The maintenance of motivational states. In *Motivation, intention, and volition* (pp. 279-291). Berlin, Heidelberg: Springer Berlin Heidelberg.

Lord, R. G., Diefendorff, J. M., Schmidt, A. M., & Hall, R. J. (2010). Self-regulation at work. *Annual review of psychology, 61*, 543-568.

Mäkitalo-Siegl, K., Kohnle, C., & Fischer, F. (2011). Computer-supported collaborative inquiry learning and classroom scripts: Effects on help-seeking processes and learning outcomes. *Learning and Instruction, 21*(2), 257-266.

Michinov, N., Brunot, S., Le Bohec, O., Juhel, J., & Delaval, M. (2011). Procrastination, participation, and performance in online learning environments. *Computers & Education, 56*(1), 243-252.

Moos, D. C. (2011). Self-regulated learning and externally generated feedback with hypermedia. *Journal of Educational Computing Research, 44*(3), 265-297.

Masters, J. C., & Santrock, J. W. (1976). Studies in the

self-regulation of behavior: Effects of contingent cognitive and affective events. *Developmental Psychology, 12*(4), 334.

Matcha, W., Uzir, N. A., Gasevic, D., & Pardo, A. (2020). A Systematic Review of Empirical Studies on Learning Analytics Dashboards: A Self-Regulated Learning Perspective. In *IEEE Transactions on Learning Technologies* (Vol. 13, Issue 2, pp. 226-245). Institute of Electrical and Electronics Engineers. https://doi.org/10.1109/TLT.2019.2916802

McKernan, B., Martey, R. M., Stromer-Galley, J., Kenski, K., Clegg, B. A., Folkestad, J. E., ... & Strzalkowski, T. (2015). We don't need no stinkin'badges: The impact of reward features and feeling rewarded in educational games. *Computers in Human Behavior, 45*, 299-306.

Mitchem, K. J., Young, K. R., West, R. P., & Benyo, J. (2001). CWPASM: A classwide peer-assisted self-management program for general education classrooms. *Education and Treatment of Children*, 111-140.

Nelson, J. (1988). *How the writing context shapes college students' strategies for writing from sources* (No. 16). Center for the Study of Writing.

Nelson, T. O., & Narens, L. (1994). Why investigate metacognition. *Metacognition: Knowing about knowing, 13*, 1-25.

Nichols-Hoppe, K. T., & Beach, L. R. (1990). The effects of test anxiety and task variables on predecisional information search. *Journal of Research in Personality*, *24*(2), 163-172.

Park, J., Liu, D., Mun, Y. Y., & Santhanam, R. (2019). GAMESIT: A gamified system for information technology training. *Computers & Education*, *142*, 103643.

Pérez-Álvarez, R., Maldonado-Mahauad, J., & Pérez-Sanagustín, M. (2018). Tools to support self-regulated learning in online environments: Literature review. In *Lifelong Technology-Enhanced Learning: 13th European Conference on Technology Enhanced Learning, EC-TEL 2018, Leeds, UK, September 3-5, 2018, Proceedings 13* (pp. 16-30). Springer International Publishing.

Pintrich, P. R. (2000). The role of goal orientation in self-regulated learning. In *Handbook of self-regulation* (pp. 451-502). Academic Press.

Puustinen, M., Bernicot, J., Volckaert-Legrier, O., & Baker, M. (2015). Naturally occurring help-seeking exchanges on a homework help forum. *Computers & Education*, *81*, 89-101.

Rienties, B., Tempelaar, D., Nguyen, Q., & Littlejohn, A. (2019). Unpacking the intertemporal impact of self-regulation in a blended mathematics environment. *Computers in Human Behavior*, *100*, 345-357.

Ryan, A. M., & Shin, H. (2011). Help-seeking tendencies during early adolescence: An examination of motivational correlates and consequences for achievement. *Learning and instruction*, *21*(2), 247-256.

Santoso, H., Hakim, M., Nursalamah, R., & Putra, P. (2019).
Development of mobile self-monitoring tool prototype based
on user-centered design. *International Journal of Emerging
Technologies in Learning (iJET)*, *14*(24), 42-55.

Schraw, G., & Moshman, D. (1995). Metacognitive theories.
Educational psychology review, *7*, 351-371.

Schunk, D. H. (1990). Goal setting and self-efficacy during
self-regulated learning. *Educational psychologist*, *25*(1),
71-86.

Schunk, D. H. (1991). Self-efficacy and academic motivation.
Educational psychologist, *26*(3-4), 207-231.

Schunk, D. H., & Hanson, A. R. (1985). Peer models: Influence
on children's self-efficacy and achievement. *Journal of
educational psychology*, *77*(3), 313.

Schunk, D. H., Hanson, A. R., & Cox, P. D. (1987). Peer-model
attributes and children's achievement behaviors. *Journal of
educational psychology*, *79*(1), 54.

Schunk, D. H., & Swartz, C. W. (1993). Goals and progress
feedback: Effects on self-efficacy and writing achievement.
Contemporary educational psychology, *18*(3), 337-354.

Schunk, D. H., & Zimmerman, B. J. (Eds.). (2012). *Motivation
and self-regulated learning: Theory, research, and
applications*. Routledge.

Sitzmann, T., & Ely, K. (2011). A meta-analysis of self-regulated learning in work-related training and educational attainment: what we know and where we need to go. *Psychological bulletin*, *137*(3), 421.

Sønderlund, A. L., Hughes, E., & Smith, J. (2019). The efficacy of learning analytics interventions in higher education: A systematic review. *British Journal of Educational Technology*, *50*(5), 2594-2618. https://doi.org/10.1111/bjet. 12720

Song, L., Singleton, E. S., Hill, J. R., & Koh, M. H. (2004). Improving online learning: Student perceptions of useful and challenging characteristics. *The internet and higher education*, *7*(1), 59-70.

Sun-Lin, H. Z., & Chiou, G. F. (2017). Effects of comparison and game-challenge on sixth graders' algebra variable learning achievement, learning attitude, and meta-cognitive awareness. *Eurasia Journal of Mathematics, Science and Technology Education*, *13*(6), 2627-2644.

Tas, Y., Aksoy, G., & Cengiz, E. (2019). Effectiveness of Design-Based Science on Students' Learning in Electrical Energy and Metacognitive Self-Regulation. *International Journal of Science and Mathematics Education*, *17*(6), 1109-1128. https://doi.org/10.1007/s10763-018-9923-x

You, J. W. (2012). The relationship among academic procrastination, self-regulated learning, fear, academic self-efficacy, and perceived academic control in e-learning. *The Journal of Educational Information and Media, 18*(3), 249-271.

You, J. W. (2015). Examining the effect of academic procrastination on achievement using LMS data in e-learning. *Journal of educational technology & society, 18*(3), 64-74.

Viberg, O., Khalil, M., & Baars, M. (2020). Self-regulated learning and learning analytics in online learning environments: A review of empirical research. *ACM International Conference Proceeding Series, March,* 524-533. https://doi.org/10.1145/3375462.3375483

Wighting, M. J., Liu, J., & Rovai, A. P. (2008). Distinguishing sense of community and motivation characteristics between online and traditional college students. *Quarterly review of distance education, 9*(3).

Wolters, C. A. (2003). Understanding procrastination from a self-regulated learning perspective. *Journal of educational psychology, 95*(1), 179.

Wong, J., Khalil, M., Baars, M., de Koning, B. B., & Paas, F. (2019). Exploring sequences of learner activities in relation to self-regulated learning in a massive open online course. *Computers and Education, 140*(June), 103595. https://doi.org/10.1016/j.compedu.2019.103595

Zimmerman, B. J. (2000). Attaining self-regulation: A social cognitive perspective. In *Handbook of self-regulation* (pp. 13-39). Academic press.

Zimmerman, B. J. (2002). Becoming a self-regulated learner: An overview. *Theory into practice, 41*(2), 64-70.

Zimmerman, B. J., Bandura, A., & Martinez-Pons, M. (1992). Self-motivation for academic attainment: The role of self-efficacy beliefs and personal goal setting. *American educational research journal, 29*(3), 663-676.

Zimmerman, B. J., Bonner, S., & Kovach, R. (1996). *Developing self-regulated learners: Beyond achievement to self-efficacy.* American Psychological Association.

Zimmerman, B. J., & Moylan, A. R. (2009). Self-regulation: Where metacognition and motivation intersect. In *Handbook of metacognition in education* (pp. 299-315). Routledge.

Zimmerman, B. J., & Pons, M. M. (1986). Development of a structured interview for assessing student use of self-regulated learning strategies. *American educational research journal, 23*(4), 614-628.

Zimmerman, B. J., & Schunk, D. H. (Eds.). (2001). *Self-regulated learning and academic achievement: Theoretical perspectives.* Routledge.

第五章　科技輔助自律學習的組內共學與組間互學活動設計與規劃

　　自律學習的精神，是在訓練學生有自我意識地參與課程；這個訓練的目標是希望學生掌握在學校和往後生活做有效學習的技能。因此，它的重點關注於學生如何提升自己的認知、維持學習動機並從社會互動中調整學習模式（Dignath 等人，2008；Pintrich，1999；Zimmerman，1989）。在課堂中，除了聆聽教師對於知識的講述外，學生可以表述意見、規劃部分的學習、了解他人解決問題的方法以及從他人或自我的學習表現上調整學習方法。

　　許多教學案例與研究提供了在一般教學中實施自律學習培育的方針（Hwang 等人，2021；Wan 等人，2021）；首先，自律學習的教學策略應與情境結合，這也是為什麼在常規教學中比較容易實現。尤其，當學生正在學習特定領域的內容時，同時學習處理這些內容的策略，可以強化兩者之間的關聯性，讓培訓的效果更好（Perels 等人，2005）。除了與單元結合外，課程的導入更能提供學生將這個單元學到的策略應用與實踐到新的單元的機會（Hensley 等人，2022）；學生除了有一整個課程的時間可以精熟這個策略在該課程的使用外，他更可以從反覆練習終將該策略調整成更適合自己偏好的模式。第三，在

學校中進行，能加強自律學習的學習遷移。學生在國語課的實施方式，可以嘗試遷移與應用至英語科或社會科；除了訓練學生在不同課程使用相似的策略外，更帶給學生一個觀念：你可以嘗試用自己的方法學習各種事物。

目前，大多數自律學習的實施或研究主要針對年齡較大的學生（如高中生或大學）（Lai，2022）。Zimmerman（1990）認為，小學以下的孩童在應用認知或後設認知策略較不熟練；但是孩童的後設認知以及自我調節的發展在幼兒園以及國小六年級的時候存在重大的轉變（Dignath 等人，2008）。這個原因是在於，學生在這些環境下，逐漸摸索適應該環境以及課程的學習策略，到了學期末有了更為成熟的進展；這些間接說明，沒有教師的引導或教學訓練，學生只能從自己過往的經驗或社會互動的學習來嘗試找出或調整自己的學習方法（Vogel 等人，2022）。如果沒有在過程中，建立學生培訓自我的信心與堅毅度，並引導學生自律學習的精神，學生可能很難無法掌控以及了解自己的學習狀況；除使得學生學習成效不佳外，更影響學生未來終身學習以及自律學習之能力（Zhao 等人，2014）。因此，在課程中適度的導入自律學習策略，將有助於穩定引導學生發展自律學習能力以及維持正向的學習動機。

Ho（2014）曾經定義了在學校裡可以進行的自律學習模式，包含學生自學、組內共學、組間互學以及教師導學。而關於學生自學的方法與策略，我們在前一章有做了完整的描述；這一章節，我們將著重於組內共學與組間互學的教學模式進行討論。

一、組內共學

在近年的教育發展中，學生為中心的學習方式逐漸成為一種普遍的教學方法。很多教師和學生都確認，這種以學生為核心的學習方法能有效提升教師與學生以及學生彼此間的互動（Cornelius-White，2007；Hmelo-Silver，2004）。通過專題教學，學生可以透過研究、討論和協商來解決問題（Blumenfeld 等人，1991），而這種教學模式已被證實可以提高學生的學習效果、學習動機和問題解決能力（Chu 等人，2011; Hung 等人，2012）。

Morgan（1983）提出三個不同的專題學習模式，分別是專題練習、專題整合和專題定位：

1. 專題練習：此模式主要用於讓學生應用所學知識和技能去解決與學科相關的問題。根據 Morgan（1983），這是一種基本的專題學習方式，以解答學科問題為主要目標。
2. 專題整合：這種專題通常涉及跨學科的學習活動，與真實世界的問題有關。它主要培養學生的問題解決和獨立工作能力，例如語言課和生活科技課程的結合。
3. 專題定位：這種專題範圍更廣，學生需要在完成所有基本教育後，選擇研究主題進行專題研究。主要目的是訓練學生整合多領域知識並增強解決問題和獨立研究能力。

學生在學習過程中，經常進行小組討論和合作。根據

Vygotsky（1978）和 Piaget（1983）的理論，人類的發展受到社會經驗和環境的影響。與同儕互動被認為是促進認知發展的重要方式（Zurita, Nussbaum, & Shaples，2003）。特別是，團隊合作被視為重要的社交互動。合作學習的目的在於促進團隊合作的正面影響，主要通過共同目標、個人責任和小組互動（Slavin，1996）。學者們發現，提供更多的合作學習機會有助於培養學生的合作能力（Hamalainen，2008）。

　　例如，Hsu 等人（2019）的研究使用擴增實境技術讓學生創建校園導覽內容，結果發現學生的多項能力有顯著提升。這種學習方式已在多個領域和學習環境中被廣泛應用，並得到了許多學者和教育工作者的認可（Viberg 等人，2019）。

　　根據 Hasni 等人（2016）的研究，專題導向學習模式能促進學生跨領域能力的提升。Chen 和 Lin（2019）的專案更是實證透過這種教學模式，學生的科學與工程學習態度和問題解決能力得到提高。此外，還有研究探討科技化合作學習環境下學生的學習成效和行為，如 Molinillo 等人（2018）和 Du 等人（2019）的研究。這些結果表明，科技不僅協助合作學習的進行，團隊的分工和互動方式也會影響學生的學習表現。

二、組間互學

　　組間互學經常是接續在組內共學後的活動，它的過程是讓學生在班級成員面前分享他們小組合作的學習成果（Asterhan

& Bouton，2017）。在組間互學的環境中，包含了分享者與聽眾；在以下我們將分別針對分享者以及聽眾的學習角度進行討論。

　　對分享者而言，知識分享指的是個人將自己內部儲存的知識和他們可以使用的外部知識來源提供給他人的活動。它有可能是實體、同步或非同步的知識分享。我們在生活中有看到無數種知識分享的例子。比如在維基百科條目中的貢獻、在個人文章中分享聽到某個講座的摘要、又或者是自己錄製完的 Podcast 的成果。知識分享其實涉及到讓別人擁有你擁有的東西，但分享者並不會做出任何物質上的犧牲（John，2012）。換句話說，在分享自己的知識時，你不會變得「知識更少」。相反，當足夠多的參與者貢獻時，知識分享會讓你獲得更多知識。同儕合作、共享知識和小組討論已成為進步式教育的基石概念（Howe 和 Abedin，2013；Asterhan 等人，2015）。從最廣泛的意義上講，人與人之間的大部分交流，包括教學和學生小組工作等教育活動，都可以被視為一種知識分享。這是將知識提供給他人的行為 —— 也就是僅僅是信息和知識來源的交換，而不考慮這些來源是否被後續的合作參與所跟進或沒有。

　　學者認為，與學校相關的知識分享可能涉及更多的人際動機，例如為了分享與發佈有價值的知識而獲得社會地位和個人認可（Asterhan & Bouton，2017）。身為分享者，學生需要在上台分享或者發佈訊息時，確認自己對發佈內容的熟稔程度。這一點可能是我們經常會想到的。除此之外，其實學生上台開始分享時，他也正在進行個人的貢獻。他樂於將自己所學的內

容或所發現的事物與班級成員分享；這點不僅促成個人學習心態上的成長，更形塑優良的班級氣氛。不過，我們同時也需要反觀我們的課堂設計，什麼樣的分享內容是能同時激起分享者與聽眾的學習動機？當然，這可能牽涉到第二點，就是分享者（或小組）必須熟悉接收者想要聽到什麼內容，並在分享過程觀察接收者的參與程度，來鼓勵雙向的互動。這時，我們可以思考一下，什麼時候學生是樂於分享的？這跟我們組內共學邀請學生進行的事情有關；同時，它也與學生的自我效能以及學習控制感有很大的關係。例如，今天的課程專題是讓學生合作研發防疫相關產品；在組內共學階段，學生會在小組中討論與發想；接著開始描繪產品的草圖。這名老師更訓練與邀請學生運用生成式人工智慧繪圖工具，繪製出他們產品的雛型。每位學生在這個學習過程的學習動機可能不同，有些人期待是有更創意性的產品，而有些人期待的是用哪一些指令可以讓生成式人工智慧繪圖工具畫出更具體的圖。身為分享者，他們可能要去分析聽眾想知道的內容。而這也是在組間互學時，分享者或分享小組需要訓練的事情。在這其中，教師的腳色可能就很重要。教師可在小組討論的過程，適當給予小組引導；其實這樣也會對組間互學產生雙向的效果。因為分享者分享了聽眾想要聆聽的事物，聽眾會更積極參與討論與意見交流（下一段描述），而分享者也會因為獲得回饋，使得學習自信心提升。

　　另一方面，對台下的聽眾而言，他們可能會對同儕的專題成果給予批判或評估（有可能是說出來又或者是在心底評估的）。在教育中，評估指的是評量學習者學習進度或表現的工

具或方法，其重點是學習或學習者；而批判是一種評估形式，涉及對學生創作的產品進行評價的詢問（Benson ＆ Brack，2010）。無論是同儕批判還是評估，都利用了類似的策略，它能有效促進反思、互動、記錄與監控（Demir，2018；Chang 等人，2020）。而教學上常用的，是屬於同儕評估。

同儕評估（又可以稱為我們常用的同儕互評）的定義為相似背景的學生，利用活動來相互評量，對於彼此的作品或是學習成果給予的一種評定（Topping，1998）。透過同儕互評學習活動，能幫助學生批判性思考與管理自己的學習狀態，經由評斷同學的作品而引發的分析技能，有助於反芻到學生自己的作品，讓學生自己能更清楚改進自己的表現（Searby ＆ Ewers，1997）。

同儕評估包括同儕評分和同儕反饋，前者涉及學生對同儕的作品給予評分，後者涉及學生對同儕的作品給予評論（Lu ＆ Law，2012）。例如，El-Mowafy（2014）將同儕評分導入地理探勘課程中，這是地理空間課程的一個重要組成部分。他發現學生從同儕評分過程中受益，通過理解評估標準並努力實現學習目標。研究人員還發現，同儕評分策略激發了學生的學習責任感和學習動機；這也使教師受益，他們更好地了解了學生的學習過程，並對學生的學習表現給予了更公平的評價（Chen ＆ Tsai，2009；Hanrahan ＆ Isaacs，2001）。又例如 Tsai 等人（2002）研究了同儕反饋對學生學習成果的影響。他們發現為同儕提供更詳細和建設性的反饋的學生在自己的工作中有所改進。Brakel（2015）還檢查了學生的同儕反饋品質，並研究了他們

在寫故事時的修訂行為。他們發現學生的故事寫作品質在初稿和最終稿上顯示出顯著差異；然而，同儕的反饋似乎與學生改進故事寫作的情況不一致。Cheng 和 Hou（2015）進一步探索了大學生在線上同儕評估活動中的行為轉變模式。他們發現學生會經常向同儕提供認知和後設認知的反饋。

　　由文獻，我們可以得知，同儕互評被認為是一種有效的學習策略；它可以讓學生參與知識建構和技能發展，通過理解教師的評估標準，從觀察同儕的作品中學習，培養學生批判力、分析能力與反思力，並讓學生有信心的評估自己的學習狀態（Lai & Hwang，2015；Zhukov，2015）。然而，從上述文獻中我們可能會發現，同儕給予的回饋（無論是評分或者是評論）不一定跟學生學習表現有直接的正相關。其實，這也是符合常理的事情；學習過程中，學生每個人關注的內容不同，當然，也會有人對某些概念產生迷思。但同儕互評的意義，其實是在於引發學生自身思考，讓學生積極參與課堂，並從觀看不同學生的成果來引發它的批判思考。而無論學生在互學的效果如何，教師在互學後的導學扮演相當重要的腳色。教師需要針對學生在互學時，提出的錯誤或不一致的回饋給予釐清，使得學生能在結束這個單元學習時，獲得正確的學習資訊。當然，他們也會感受到，教師在乎每位學生給與同儕的回饋；於是，他們會在下一次的學習中更加努力。

　　接下來的小節中，本書將提供幾個組內組間學習的設計範例。這些範例不僅應用了本章組內共學與組間互學的概念，它也可能包含前幾章我們討論自律學習的循環以及自律學習的策略。

三、組內組間學習設計範例

（一）國語科文本理解活動

　　本節以國民小學教育階段一年級國語第一堂課為例，某出版社之第一堂課課文為小花狗。課程目標是希望培養學生專心聆聽與尊重他人發言的習慣。除此之外，本單元更希望學生能理解課文的話語、詩歌與故事訊息，並用適切的表情、話語與肢體語言表達。這些適切的方法包含廣泛使用多種技巧、適切的表情表達、有效地參與公共論述等。

　　這一單元課文屬記敘文本的詩歌，也是學生來學校學習的第一堂國語課課文。課文以交朋友為主題，描寫想與冬天當朋友的小花狗，做了什麼準備以及最後獲得什麼樣的成果。國語科教學中，學生理解課文的話語以及運用自己的話描述文章的內容是重要的。然而，在此階段的學生，開始進入社會規範，正在學習如何觀察環境並改變自己的行為。因此，自律學習的介入可以先從引導學生學習適當的學習策略做起；學者認為透過運用學習策略學習文本內容，可以引導學生為自己學習（Pressley & Harris，2006；Zimmerman & Schunk，2001）。特別是在學科領域課程中，運用認知策略來刺激或引導自己專注地進行訊息處理（Mayer，1996）。

　　學者們認為，理解文本是透過建構文字所傳達出來的多層次訊息而成（Graesser 等人，1997； Kintsch，1998）。它包含了對文本子句的準確措辭、語法與句子理解的表面表示，也

包含學生對文本描述理解情況的心理表徵。心理表徵（Mental representation），在認知科學中，是一種人類大腦內部產生的認知符號，他代表一個人對實際未呈現感官事物的心理意象。舉例來說，當我告訴你，我們人有一雙翅膀時，你的腦海中可能開始產生這對翅膀的位置、飛行的感覺、心理的情緒等。這些事情可能從未發生甚至於不存在，但我們大腦和心理意象允與我們想像他們可能存在並帶來的感受。而心理表徵涉及不同感官模式的表徵，例如聽覺、觸覺、嗅覺或味覺等。每個人的心理表徵具有固定的結構特徵，這些特徵是經過結構或功能類比，將關聯性的內容連結，且允許學習者操縱模型並產出自我理解的相關訊息。研究認為，心理表徵可用以推斷或加深對文本內容的理解（Glenberg 等人，1987）。

　　有大量的證據顯示，意義建構和表徵的過程是靈活的，並會根據學習者的目標和策略而有所變化（Van Dijk & Kintsch，1983；Graesser 等人，1997）。當學習者使用特定策略處理文本時，他們的注意力可能會集中在特定層次的認知表徵上。類似於心理相機，學習者可以放大基於文本的特徵或文本描述的情境，從而促進建構更易理解的文本的表示（Glenberg 等人，2004）。學者認為，可視化策略（如：繪圖）對於培養此類心理模型特別有用，因為它們可以幫助學生表達與描述文本內的結構特徵與關係。例如：Van Meter（2001）邀請學生閱讀了有關神經系統的文本，並接受了繪畫指導。結果表明，讓學生參與繪畫活動對於學習效果的幫助有益。另一項研究結果（Schwamborn 等人，2010）表明，與僅接受文本的對照組相比，

當學生被要求進行繪畫並給予繪畫提示時,他們可以更好地理解文本內容。

回到這篇課文,為呼應自律學習的首要目標,讓學生具高度學習動機並自我主導的進行學習;教師可嘗試讓學生啟動內心的心理相機,用自己的感官來表述對課文內容的想像。教師首先可以運用教材出版商提供的語音教材,帶領學生先聆聽課文,而不閱讀文字與文本圖案。透過此方法,開始訓練學生的學習專注度,並培養學生文本閱讀的多元方法。如圖 24 所示。

圖 24　繪圖作為文本表徵應用於國語課程

　　接下來，教師引導學生進行個人課文聆聽。除了在課堂中，發放平板電腦並邀請學生開啟特定的學習平台進行語音教材聆聽外，教師更需在學生開始課文聆聽時，說明平板電腦使用規則、方法以及須遵守的規定。例如：「僅能開啟教師規定的學習教材」、「請戴耳機聆聽，勿打擾他人」、「聆聽時間為 5 分鐘，請同學把握時間」；藉此訓練學生幫助自己專注學習的方法。

　　在完成個人聆聽任務後，教師發放繪圖紙，引導學生在下一次聆聽過程，把自己想像的畫面描繪出來。在此階段，教師可以提醒學生描繪內容的注意事項，例如：(1)可依照自己第一直覺想到的畫面，先在繪圖紙的角落寫下可能的腳色、發生的事情以及特別的部分。(2)寫下重點後，再重複聽一次內容，確認自己想畫的內容是否都有寫下來。(3)將自己寫下來的內容，在繪圖紙上畫出來，如果有不確定的內容，可以再重複聆聽。藉由這樣的活動，能訓練學生從文本中提取重點，並嘗試建立自己對此課文的心理表徵。

　　在建構完自己的心理表徵後，教師可鼓勵學生將自己的繪圖內容分享給組員。在分享的過程，亦鼓勵學生掌握幾個原則，例如(1)依序聆聽與分享(2)專注聆聽他人的分享(3)表達自己對同學繪圖內容的看法。這個模式，能傳達一個意念給學生：每個人對課文的理解不一定是相同，我們可以觀察、描述與比較自己與他人甚至於作者對相同文字的感受；從而站在他人立場思考，並勇於表達自己對該事物的想法。

　　最後，教師可視課程進度或學生能力，安排故事接龍活動。

鼓勵學生從組內甚至於組間找尋合適的文本前後劇情，重新組織故事。這個過程，能鼓勵學生反覆觀看自己與他人繪製的心智表徵以及提取關鍵訊息；除此之外，這個活動也可以是引導學生未來進行寫作訓練的前導課程。

（二）國語科修辭與寫作活動

在臺灣，國語學習表現包含聆聽、口語表達、標音符號與運用、識字與寫字、閱讀、寫作等六項；其中在寫作的學習表現中，重視學生透過閱讀與觀察來累積寫作材料、寫出語意完整的句子與明確的段落。而寫作學習表現的提升，不僅基於學生累積的寫作內容與內容完整性，學生在寫作中採用的修辭更展現出學生的語言表徵（Evans & Morrison，2011；Smith，2014）。修辭超越了表面句法結構與詞彙，在國語教學中，常見的修辭包含：感嘆、設問、譬喻、轉化、映襯、排比以及類疊等。Bartholomae（1986）曾指出，要在學術文化中取得成功，學習者必須「說我們的語言，像我們一樣說話，嘗試採用我們特有的知識、選擇、評估、報告、結論和辯論方式，這些方式定義了我們社群的論述」。

尤其，在國語語言的特點中，識字是連結閱讀與寫作的重要組成過程（Wong，2018）；當孩童的識字量增加，他的閱讀與寫作能力將隨之提升。國語書寫系統很複雜，學習者必須獲得良好的文字正字法才能流暢地閱讀和書寫（Chik et al.，2012；Yeung 等人，2013）。同樣地，讀寫能力之間的轉換與

認知，與學生的字詞能力發展（Goodrich 等人，2016；Pinto 等人，2015）以及句子與文本的級別（Berninger，2002；Lee & Schaller，2016）有關。由此可知，從識字、造詞、造句、閱讀與寫作，是一連串關係學生寫作發展的（Fitzgerald 與 Shanahan，2000）技能表現。此外，國語的寫作中，重視詞序與單詞的相關知識，以確保句法的理解以及句子的結構正確（Brimo 等人，2017）。他引導讀者從文本中建構意義，並再次將文本中的思想轉換為下一個文本（Berninger & Swanson，1994；Kintsch，1998）。實證研究表明，句法知識與閱讀理解相關（Brimo 等人，2017；Cain, 2007），而句子結構技能的指導可以提高閱讀流暢度（Graham & Hebert，2011）。此外，修辭及語法的知識在兒童的寫作表現中發揮著重要作用（Kim & Schatschneider, 2017），而句子結構技能的指導（如同儕互動與回饋）可以改善有學習困難的學生的句子寫作（Datchuk & Kubina，2013；Xu，2021）。

Paltridge（2004）曾強調，修辭對於學生來說是模糊的；除非當不同的修辭寫作表徵擺在學生面前，否則學生難以辨識每種修辭的用途以及他對表徵特定內容的意義。研究者更表示，教師不能假設學生過去的學習經驗已提供他們充足的寫作策略；他們需要透過教育模塊一片片的拼湊與不斷辨識不同的修辭技巧，以確定並引導學生進行成功的修辭寫作（Baker，2021；Wei，2020）。因此，國語的寫作是循序漸進的訓練，教學者可以嘗試用連貫性的主題，循序漸進加入不同的修辭技巧來引導學生練習。如下表範例所示。

表 20　國語修辭寫作練習範例

主題	說明	活動重點	範例活動
寫景	引導學生針對特定風景或景象進行描述。	● 學習時間序列寫作 ● 學習空間次序的寫作	寫作主題：放學回家後的客廳
摹寫	引導學生運用五感進行描寫	● 學習視覺、聽覺與觸覺的寫作	請描述一個放學回家你看到的、聽到的以及摸到的事物
		● 練習味覺與嗅覺的寫作	請嘗試列出放學回家你吃的或喝的東西的味道與心情
疊字、譬喻、轉化	引導學生針對上述寫作內容，改寫句子	● 示範疊字、譬喻、轉化的例句 ● 運用疊字、譬喻、轉化進行句子改寫	請嘗試從五感寫作中挑出三個句子來改寫，讓他們分別用到疊字、譬喻與轉化的修辭

　　我們以寫景為主題，在不同的單元裡，循序漸進讓學生切入修辭的練習。例如，教師可以在第一次課程中，請學生描述放學回家後的客廳。教師可以沿用前一個國語活動的繪圖策略，讓學生先回家用繪圖的方式繪製回家後客廳的模樣。接著，學生會被邀請在課堂中分享自己繪製的內容；這個目的不僅是鼓勵學生多從他人繪製的圖中，找尋可能的文本思路；更是幫助自己整理當從圖片要轉譯成文字時，內容的先後順序或空間安排。當學生在組內或全體間分享完畢後，教師開始引導學生認識正式的寫景手法，例如：時間順序或空間前後等。教師亦可以將同學繪製的作品作為上課的範本，引導學生思考當以時

間順序為前提，文本的描寫可以如何進行。

圖 25　寫景練習範本

　　接著，教師可鼓勵學生開始對自己的繪圖進行寫景練習。
一開始時，教師可以先鼓勵學生運用時間或空間前後練習撰寫
兩個句子，當學生熟稔這種作法時，再開放學生針對更細部的
景致進行描寫。從步驟一到四，除了是讓學生練習寫景外，他
更是引導學生在不知道如何對一個事物進行描述時，可以先改
用圖像化的方式繪製，再轉而用文字來呈現。自律學習的策略，
除了從個人的認知進行有策略性的學習外，更可以從社會互動
進行。因此，在第五階段，教師可以安排同學觀察鄰近同儕的
繪圖，並嘗試為同儕運用另一種寫景方式描述其文本內容；並
在過程中進行共享。此時，學生將學習運用不同種的寫景形式，
來描述相同繪圖的不同意境。這是一種引導學生從多方面進行
創作的方法，也是能透過同儕的思路思考事物。最後，教師鼓
勵學生再次修改自己的寫景內容，使其完善。

　　接下來進入撰寫階段，教師同樣可以透過引導學生思考，並讓學生在思考過程，學習如何善用自律學習策略。此階段本書規劃運用兩種策略：心智圖與共享協作模式（Wilson 等人，2023）。概念構圖是一種透過節點與連接線連接概念的策略，過去許多研究都運用概念圖來改善不同教學現場的學習成果。在學習過程，教師經常運用該策略進行概念的組織，例如：介紹課程的全貌、認識事件的因果關係、理解生態系統。除了透過教師主動呈現概念組之外，教師亦鼓勵學生透過閱讀文章或資訊後，透過繪製概念圖來整理自己對事情的理解（Hay 等人，2008；Machado 與 Carvalho，2020）。因此，概念構圖是一種在教學上經常被使用的學習策略；此外，它也是學生進行自律學習中重要的筆記或文章理解策略之一，它能引導學生理解概念間的關係以及每個概念在整個框架內的位置（Daley 等人，1999；Davies，2011）。

　　除了從概念圖理解不同概念或知識之間的關係外，它更可以是創造有意義學習的潛在工具。當學生在組織他們的想法時，他們可以評估目前概念的涵義以及它與其他內容之間的關係，產生高度的包容、分類或協調等認知運作；就如同 Novak 和 Cañas（2006）所述，當學生要將一個概念放入一個框架時，他們會找尋適用該環境的特徵或者該概念與這個情境其他特質的關聯性；接著，就會產生更新的想法或訊息，然後不斷地重新組織或擴增框架。

　　因為概念圖的視覺化效果，它能幫助學生產出一個概念的特質以及這個特質與其他概念特質的關係；因此在課程中，教

師可以請學生小組合作完成五感心智圖。若班上學生可分成五組，可以一組練習一種感知的造句練習。當小組接受到任務後，他們可以在概念圖上繪製自己畫裡面可能有關於這個感知的事件，並嘗試造句。如下圖為例，該組的主題是嗅覺，小組內成員可以先羅列他們有聯想到有味道的事情，如：貓（烏龍茶香）、煮飯（醬油香）、洗澡（麝香）、咖啡（酸酸的咖啡味）、衣服（奶香味）以及香（煙香）等。接著嘗試把句子造出來。

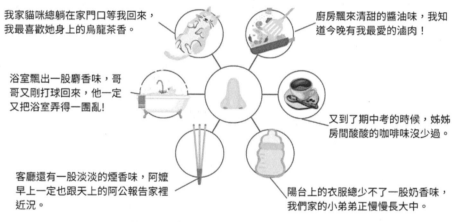

我家貓咪總躺在家門口等我回來，我最喜歡她身上的烏龍茶香。

廚房飄來清甜的醬油味，我知道今晚有我最愛的滷肉！

浴室飄出一股麝香味，哥哥又剛打球回來，他一定又把浴室弄得一團亂！

又到了期中考的時候，姊姊房間酸酸的咖啡味沒少過。

客廳還有一股淡淡的煙香味，阿嬤早上一定也跟天上的阿公報告家裡近況。

陽台上的衣服總少不了一股奶香味，我們家的小弟弟正慢慢長大中。

圖 26　嗅覺摹寫的共享心智圖範例

　　接下來，為了讓小組間了解不同感知的造句內容，教師可以邀請各組將自己的概念圖拍照（或將在數位應用程式製作的概念圖）分享於特定學習平台中，並請各組至平台中觀看內容。研究者認為，透過互相分享知識或資訊，是一種幫助學習者促進學習的實踐方法（Hew & Hara，2007）。從社會認知與資本理論的視角來說，知識共享可以視為一種個體認知與他人、環

境等交流與調節的過程（Liu 等人，2014）。透過正式或非正
式的互相分享，可以是促進學習者翻新學習知識的強大催化劑
（Schlager 和 Fusco，2003）。因為它能將學習者轉變成有效的
知識建構者，透過社會互動，主宰自己學習的自主權，並進行
深度學習的思考（Granger 等人，2002）。

　　關於人們如何在群體環境中共享知識的相關研究已蓬勃發
展，特別是在科技融入教學後，透過網路如何即時分享知識或
資訊，對教學帶來很大的改變（Chiu 等人，2006）。此外，在
這個活動中，教師可以運用一些遊戲化的機制，來提升學生閱
讀他人作品的專注程度。例如，運用投票機制，學生一人一票，
投給覺得句子內容最好的組別；或者邀請學生在作品底下評
論，對於評論最好的同學，給予正向鼓勵或加分機制等。放在
數位化學習平台的優點，也是能讓學生在自己的載具看到他人
的作品，這樣得有效讓他掌握可以參考的資源，以作為他後續
完成自己繪圖內容的五感寫作參考依據。在這樣的組內共學以
及組間互學的模式，能讓學生反覆演練 Bandura（1977）的三
元學習論；他們透過觀察他人或與他人協調，共同完成任務、
調整自己的行為以及建立自己的認知。除了提升學生社會互動
能力外，教師也從這個過程中，引導學生運用心智圖連結的概
念，來為自己組織內容。另外，學生也必須要學習從他人的心
智圖中萃取知識，以完成他們自己繪圖的五感摹寫。他們可以
從他人的作品臨摹，改寫或延伸他人的創作。這個過程，提供
了學生多元的鷹架，也告訴學生寫作不一定是憑空想像，也可
以有組織性或有圖像性的內容當作創作的基底。

最後，修辭的練習是有階層性的。例如譬喻有分為明喻、隱喻、略喻以及借喻，以難度上，越後者越度越高。轉化法或疊字，也可以從學生熟悉與不熟悉的程度進行排列。在教學上，一次的課程，難以將一種修辭的技巧全數教導給學生，甚至於讓學生演練。因此，引導學生了解學習目標以及制訂目標的規劃是可以考慮導入這個部分的教學。如下表 21 所示，教師可規劃為期一個月的任務或甚至更長的教學任務，分次讓學生依序練習每一種譬喻法的用法。在每一次練習時，教師先引導學生觀看學習目標，例如第一次的目標是：「運用明喻法，為自己下課回家後看到的畫面造句，共 3 句。」並提出一個例句給學生參考。這個模式如同回家作業，學生會在表格第二欄填下完成的句子。而後面兩欄，是鼓勵學生描述自己寫作時使用的策略以及面臨的困難。這個紀錄可用於教師在下次上課時，針對每位學生的方法與策略進行討論。而為了方便蒐集學生們採用的策略與困難，教師可以採用各數位學習平台或應用程式的討論區或分享區，讓學生可以分享自己的成果、策略或面臨的困難。藉由同儕分享的過程，可以讓學生找尋相似處或可以嘗試採用的策略。

表 21　結合目標設定與策略反思之修辭學習表單

週次	每週目標	完成的成果	你使用的策略	覺得困難的地方
1	運用明喻法，為自己下課回家後看到的畫面造句，共 3 句。 例如： 蔬菜與肉，像在跳華爾滋一樣，在炒鍋裡跳躍著。	1. 家貓的身體，柔軟如麻糬。 2. 媽媽的聲音，像卡車的喇叭聲。 3. 坐在沙發上的爸爸，就如同疊疊樂的基石，讓家裡的人都能依靠著他。	努力用手去感受或耳朵去聽，然後想看看這個感覺跟什麼相似。我會嘗試想很多相似的東西，先寫在紙上，然後找看看哪個最有關係。	要想很多的喻依，而且要花很多時間聯想。
2	運用隱喻法，為自己回家路上看到的畫面造句，共 3 句。 例如： 老師放學前的叮嚀，是我們最愛的歡樂頌。			
3	運用略喻法，為_____的畫面造句，共 3 句。 例如： 家人共度晚餐，最佳調味料。			
4	運用借喻法，為_____的畫面造句，共 3 句。 例如： （排隊的校車）蓄勢待發的馬匹。			

（三）自然科魯布・戈爾德堡機械設計活動

　　魯布・戈爾德堡（Rube Goldberg Machine，RG）機械是一種設計相當複雜的機械組合，它會透過一些迂迴的機械或電路設計，來進行一些簡單的工作，例如：倒一杯水、使船行進到對岸或者推動撞球使蜂鳴器發出聲音等。相關範例可至網站上搜尋魯布・戈爾德堡機械（Rube Goldberg Machine）。為了設計魯布・戈爾德堡機械，設計者需要對每個機械或電路結構有精確的掌握，使其零件能精準地發揮作用。因為，只要有任何一個環節出錯，都有可能造成整個任務的失敗。而這樣的機械製作，也經常在全球各學制的課程中進行，因為教育者認為，這是一個幫助學生整合跨學科知識、促進團隊合作溝通以及維持學業學習動機的途徑（Compton 等人，2021；Hicks 等人，2017）。

　　為了完成魯布・戈爾德堡機械（以下簡稱 RG 機械），學生需要經歷數週的事前知識閱讀，並嘗試演練幾個簡單機械的操作；以使得他能帶著這些知識與技能來進行大型的機械製作。學生在這個過程中，有充分的自主權，通常這個機械成品是由一個不小的團體共同製作。這個活動通常也會接在某些課程之後，例如國小六年級的電磁作用、力與運動、簡單機械或國中的直線運動、力與運動以及電流等單元。換言之，學生在進行 RG 機械製作前，他們需要具備熟稔的先備知識；接著再運用自己對這些知識的了解合力設計複雜的 RG 機械模型。

1. 分工與時間規劃

　　這是教學現場常見的合作學習活動的延伸，他拉長了學生的合作時間以及專題製作時間；因此，學生之間如何有效分工並確實達成工作項目，將會變成 RG 機械是否能順利完成的成敗因素之一。在過去，學生分工合作與時間規劃的模式，往往僅有口頭的討論或寫下簡單的規劃，如下表 22 所示。如分工表，學生會列出組長與組員，並簡要說明每個人的分工項目。另，在時間規劃，小組學生會討論出一個大概的規劃流程，並嘗試依照這個方法去進行。

表 22　常見的分工與時間規劃表

分工表	時間規劃
組長：	7/11 完成模型規劃
正霖（負責時間管理）	7/15 完成器材準備
組員：	7/18-26 製作
永豪（負責機械製作）	7/27-28 測試與除錯
舜元（輔佐永豪）	7/29 成果發表
致洋（負責串聯不同的機械）	
新錞（負責檢核每個機械操作是否流暢）	

　　然而，這樣的設計，對於每個學生自身的工作項目約束較低；此外，學生之間的討論與交集較少。如果要讓學生同時兼顧個人的技能貢獻與團體的成就表現，可能需要更具約束力的協議（Lai，2021）。

　　就如同 Kirschner 等人（2008）以及 Mäkitalo 等人（2002）

所提到，在進行合作之前，理解他人的思維以及縝密的協商，
可以降低學生在後續合作過程的認知挑戰。換句話說，團體成
員原先的目標、優先事項以及期望的差異，都有可能使團體合
作的動機產生問題（Järvelä 等人，2008）。所以，在目標設定
階段，群體的認知、動機與情緒目標調節將能支持團體合作學
習並面對挑戰。這也會使得，每個人在執行工作的過程，面臨
挫折或失敗時，除了運用自身毅力來維持對 RG 機械製作的熱
忱外，還可透過同儕協助的方法來達到專案的成功。

表 23　修改後之時間與分工規劃表

組員	主要負責項目	本週主要作業項目	完成度	面臨的困難
正霖	檢核與協助各機械製作	1. 完成所有小 RG 機械的材料準備 2. 檢核每個小 RG 機械連接的邏輯性 3. 協助記錄其他組員的完成度與困難	70%	各裝置連接之間的邏輯沒有實體的物品可以確認邏輯性
永豪	各機構平衡的製作	1. 確認所有平衡類型 RG 機械材料準備 2. 進行至少 2 個平衡類型 RG 機械製作	100%	完成，無困難！
舜元	各軌道設計與排列	1. 確認所有 RG 機械連接的材料準備 2. 完成至少 4 個軌道連接並測試成功	50%	材料準備沒問題，但各機械間的連接，因為沒有具體的連接內容，難以呈現。

組員	主要負責項目	本週主要作業項目	完成度	面臨的困難
致洋	各單擺製作與調整	1. 確認所有單擺類型 RG 機械材料準備 2. 進行至少 3 個單擺類型 RG 機械製作	100%	完成，無困難！
新錞	協助檢核單擺運作狀況	1. 協助檢測各單擺設計原理與簡易測試 2. 協助完成至少 3 個單擺類型 RG 機械製作	100%	完成，無困難！

　　從上表來看，每位同學在這個 RG 機械分工上的腳色更為清楚；此外，這個分工表可以幫助大家追蹤與分享目前的進度。透過 Google 或其他平台提供的線上共編服務，學生即使不在同一個環境作業，他們同樣可以透過許多同步與非同步的方式了解每個人目前的近況與面臨的問題。在合作學習中，共同監管的重要性不容忽視。過去的研究通常從認知的角度來評估監管成效，他們認為有效的監督能促使學生認知表現的成功。順帶一提，監督除了與認知表現有關外，亦與同儕共同建構知識（Hmelo-Silver 和 Barrows，2008；Zhang 等人，2007）、知識整合（Weinberger 等，2007）以及團隊互動因素（Fransen 等，2013）有關。

　　在小組合作的自律學習（又稱為社會共享調節），他是一種在社會環境中的匯集多個自律主題的活動；因此，在目標與時間的規劃中，認知的分工、預期的共識目標以及團體互動是不可缺少的。此外，在社會共享學習的共同監管中，更包含了個體與群體的動機、情緒、後設認知和策略行為的交互作用

（Zimmerman 和 Schunk，2011）。這就是共享監管學習的獨特之處，指的是群體成員如何調節其集體活動的過程。所以，社會共享監管學習涉及相互依賴或共享的監管過程、信念和知識，以實現共同建構或共享的結果（Hadwin 等，2011）。這種集體監管的形式為群體合作帶來了許多好處，並促進了成員之間的知識共享和合作，從而提升整體的學習成果。例如在本書設計的表格中，透過組員互相分享目前的進度與困難，他們能共同表達目前的動機與情緒；並藉由關心他人的困難，分析 RG 機械製作過程每個人策略的差異以調整到最佳解決問題的策略。如此一來，學生在開始進行合作學習時，就不斷參與分析與評估等高層次學習，藉由聆聽與分析他人與自身挫折與失敗，找尋更有效的解決辦法。

在科技融入教學的環境中，建立一個共編的環境，讓群體成員可以在其中監督彼此的工作，是實現有效合作的重要策略。透過共同監管，成員能夠運用各自的監管過程、信念和知識，共同協作以達成共同的目標。這種互動和共享促進了群體內的協作和知識建構，從而促進了學習的成功。這是一個加速社會進行共享的方法；因為它可以讓群體成員互相監督彼此並分享工作面臨的困難，以共同維持目標。根據 Bodemer 和 Dehler（2011）的研究，在合作學習的過程中，小組成員會產生幾種重要的意識類型，包含：行為意識、認知意識以及社交意識。行為意識是指了解群組成員在線上共編環境中的活動；認知意識則是指了解群組成員的知識；而社交意識則是指從群體成員的互動與感知，了解群體的運作情況。而透過科技帶來的線上

即時共編，能夠提供這些不同類型的意識訊息。小組成員可以從中獲得知彼此的活動、知識狀態以及群體運作的情況。這些意識訊息的共享有助於成員之間建立互相理解和合作的基礎。例如：當小組成員發現有人在不同 RG 機械之間的連結出現問題時，他們可能開始即時訊息的討論，甚至於到對方工作的範圍開始進行討論。而共編的內容，也會變成他們下次討論直接的參考資料。Fransen 等人（2013）進一步區分了任務相關意識和團隊相關意識。透過行為和認知意識的任務相關意識，成員可以更好地了解彼此的工作進展和知識貢獻。而透過社交意識的團隊相關意識，成員能夠更好地理解群體運作的效率和協作方式。

2. 任務歸因

當小組進行社會共享調節的過程時，他們會設定目標並定期監督和檢討專題的問題。這涉及到學生的後設認知、監督和評估能力。根據文獻，我們知道後設認知是指對於合作學習過程的認知知識的建構，包括協商與調整任務要求和目標（Järvelä 等人，2015）。這意味著小組在設定目標時，需要共同理解專題要求並確定共同的目標（Fransen 等人，2011；Järvelä & Hadwin，2013）。這種後設認知的運用幫助他們更好地導向和規劃專題工作。

在小組中，學生需要共同監管彼此的工作，並檢視專題過程中可能導致問題的因素。這種後設監管的運用有助於他們調整和改進合作方式，以確保達到更好的學習成果（Malmberg

等人，2010）。因此，在任務歸因的討論上，小組成員可以更
聚焦在工作項目、面臨的困難以及後續的作業目標進行討論，
如下表 24 為例。學生可以先運用時間與分工規劃表中的每個人
負責工作項目以及面臨的困難進行討論。接著，在討論會議中
發表各自進行的方法與策略；沒有面臨困難的人，同樣可以說
明目前的工作進度以及提高工作效率的方法。藉由這些分享，
面臨困難的學生，可以先從聆聽他人的策略來評估在自己的作
業中實施的可行性。除此之外，面對困難的學生在分享時，都
順利完成的學生也可以從聆聽的過程分析可能發生的狀況以及
自己的解決方法，嘗試提供同儕意見。

表 24　任務歸因表單

組員	主要負責項目	上週面臨的困難	下週目標
正霖	檢核與協助各機械製作	各裝置連接之間的邏輯沒有實體的物品可以確認邏輯性	1. 協助確認已完成的小 RG 機械之間連接的邏輯性 2. 協助記錄其他組員的完成度與困難
永豪	各機構平衡的製作	完成，無困難！	完成所有平衡類型 RG 機械製作
舜元	各軌道設計與排列	材料準備沒問題，但各機械間的連接，因為沒有具體的連接內容，難以呈現。	製作至少 4 個已經完成的小 RG 機械間的軌道連結
致洋	各單擺製作與調整	完成，無困難！	完成所有單擺類型 RG 機械製作

組員	主要負責項目	上週面臨的困難	下週目標
新錞	協助檢核單擺運作狀況	完成，無困難！	1. 完成所有單擺類型RG機械製作 2. 製作至少 4 個已經完成的小單擺類型RG機械間的軌道連結
調整的原因			
預期效果			

　　以本案為例，部份發生問題的學生多在於不同的 RG 機械之間的連接；他們可能在透過討論的過程，發現是原先大家共同設定目標時，並沒有縝密考量到大家對 RG 機械之間連接的概念並不純熟；而可能的替代方案是等待個別 RG 機械製作完成後，全體再一起合力進行 RG 機械之間的連接。因為透過大家把困難羅列出來討論，這樣能有效幫助全體監督與檢討製作的問題；藉由反思與調整後面的製作目標，來改進合作的方法。而由於目標的安排是由全體達成共識後，進行規劃與調整；藉由這樣社交意識，促使學生主動參與和運用後設能力，以提升小組合作的效能，並實現更優秀的學習成果。

　　由這個課程設計可知，當在社會環境中實施自律學習時，除了個人學習監督的議題外，更要討論如何有效促進群體共享調節，就是所謂的社會共享調節。而根據 Järvelä 等人（2015）的建議，他們認為在實施社會共享調節時，要把握三個原則：(1)增強學生對自己和他人的學習過程的認識，(2)支持學生和他人學習過程的互動性，在分享和互動中提供幫助，以及(3)促使

調控過程的認知、情意與社交獲取和觸發。除了三個原則外，在社會共享調節過程，要注意的兩個重要議題，一是在合作學習過程，學生如何自發或透過引導的方式，發展出共同面對環境與動機挑戰的策略。二是隨著時間的推移，他們是否能發展出更高階的調節策略。如果能發展出更高階的調節策略，他們將在群體活動中有更好的調節與積極互動的情感平衡。

　　從這一個課程中，我們知道合作過程不僅需要自我調整，更需要讓團隊中的每個人去支持其他團隊成員並輔助他們調控他們的學習，以幫助團隊共同調控學習（Hadwin & Perry，2013）。所以，從這裡我們知道，自我調節與社會共享調節的關係，可以說社會共享調節包含了自我調節的精神在裡面；因為在社會共享調節的過程，學生也要設定個人目標、監督個人學習並反思個人學習狀況。不過在社會共享調節中，更重要的是在組員之間對認知與情感的互動，透過互相的認知關懷與情感交流，使團隊更具向心力並共同解決問題（Järvelä & Hadwin，2013；Winne 等，2013）。

表 25　自我調節與社會共享調節

	自我調節	社會共享調節
步驟	● 設定個人目標 ● 監督個人學習 ● 反思個人學習	● 團隊設定小組與個人目標 ● 監督個人學習狀況 ● 評估個人、他人與團隊的學習狀況 ● 團體共同反思小組與個人成效

　　最後，從本節討論社會共享調節在魯布・戈爾德堡（RG）機械團隊合作的運用中，我們知道透過團體達成共識、有效分工、定期討論與檢核問題對整個合作關係與認知表現可能帶來顯著的幫助。但這相對地，也帶來一個挑戰。因為這些活動在過去的合作學習中，可能是鮮少進行甚至於被忽視的；當然，也有可能是因為時間壓力，而很多時候被省略。但從我們目前對認知學習、動機養成、情緒培養以及社會互動等相關研究知道（Lin 等人，2021；Martinez-Jimenez & Ruiz-Jimenez，2020），學習是一個連續且長期的過程；尤其，他會因為學生個人使用的策略質量，最終影響他們的學習（Chuang 等人，2015；Tseng 等人，2014）。從這個角度想，如果在過程中能清晰展示整個調節過程，讓學生能分析並量身製訂個人或小組的目標與相互調控；學生將有更多的機會從中學習調節學習並獲得更新的技能與知識（Winne 等人，2013）。

　　因此，無論是現場教學者或是學生，在進行社會共享調節時，可能都要保有幾種態度。首先，分析與討論的時間不可少，擁有足夠討論的時間與機會，能讓小組能停下腳步來定期觀看每位成員的狀況，免得有任何一人被團隊遺忘。其次，歷程的紀錄要確實。最簡單的方法，小組可以定期討論。更重要的是，每個人都須對自己的專題或學習負責，須確實記錄或提出自己的狀況。而如果相關的歷程、專題或學習進度可以透過歷程記錄並產出相關的報表（Maldonado 等人，2018；Tsai 等人，2020），可能可以輔助學生進行有效的歷程記錄。接著，透過學習分析產出相關的數據；甚至於產出相關分析報告，讓學生

比較自己本次專題成果與過去專題效率的差別，藉此提供學習
報告供學生評估自己的學習效果。雖然如此，但運用個人意識
善用資訊科技提供的資訊，將又會是另一個考驗學生的項目。
學生需要從資料中萃取出自己的學習狀況，並與自己的學習困
難進行比較，以檢核哪些數據化的指標可以做為預測個人學習
困難的預測因子，藉此優化個人與團隊學習的認知、動機與情
緒元素。第三，問題的反映管道需暢通。這個情境是互相，當
個人提出問題時，是希望對方能仔細聆聽並陪伴解決問題；相
對的，當對方提出問題時，關懷與討論可行的解決方案是不可
少的。因此，團隊或教師可以思考並找尋合適於團隊使用的共
編或共同討論區；此外，配合同步與非同步的討論，並適時引
導團隊裡的每一個人對自己的狀況與他人的表現進行發言。第
四，也是最重要的心態建立，有效的調節不會一次就成功，學
生與教師都需要知道，調節的重點不在最終產物，而是過程的
經歷。因為有了反思與調整，學生學會在這樣情境下可行與不
可行的策略；這將有助於他在下一次的活動時，更容易挑選出
適當的策略。這個狀況就如同經驗法則（rule of thumb），可
選擇的方法可能有多種，但適用於這個情況的，需要靠過往的
經驗與當下的狀況來決定。因此，將這個精神傳遞給學生，也
會成為現場教學重要的一份工作。

（四）寫作活動

　　當一個人在進行團體合作學習時，至少會出現三種類型的

監管（Winne 等人，2013），包含：負責個人任務學習的監管
（Self-regulation）、支持或調節他人學習的監管（Co-regulation）
以及對小組集體任務的監管（Socially-shared regulation）。其
中，共同調節（co-regulation）是指團體成員協助他人規劃目
標、相互監督他人的執行狀況、參與他人學習反思與提供他人
策略調整方法的過程（Lajoie & Lu，2012）。而一個有成效的
合作學習，Järvelä 等人（2016）認為，是需要個人調節參與於
群體任務的服務，並伴隨著對他人的調節以及對群體的調節。

　　共同調節可能是一件較難想像的事情；但我們可以把它視
為當兩個人在同一個空間進行個人的自律學習時，他們勢必會
在過程中產生一些互動（McCaslin & Hickey，2001；Yowell &
Smylie，1999）。舉例來說，在教室裡，坐在左右鄰居的同儕，
他有可能會觀察到你購買了哪一本參考書，也有可能注意到下
課時間你會練習寫英語作文等；你的這些舉動有可能影響他的
行為。在教室中，當同學間產生爭執時，老師會介入並帶領同
學們討論這個爭執產生的原因；並透過相互分享看法來化解這
次的爭執。老師也會在課堂中的特定時間，帶領同學們進行自
主閱讀。教師的這些舉動，也有可能影響學生看待事情的態度
與做法等。然而，他們所要達成的目的，有可能不同。如第一
個例子，你與同儕的讀書是不同的任務，你無法代替他達成他
的任務；但他可以從學習你採用的方法，並嘗試轉換成自己的
策略並付諸實行。第二個例子，教師的目的可能是在理性的化
解班上的爭執或培養學生閱讀的興趣，這是教師採用的班級經
營方法。但學生在其中學到的，是情緒的調節以及找尋自己閱

讀的方法。而在這個執行個人自律學習的過程，雙方還是會有些互動，他們可能會互相分享自己監管的方法或者提供對方監管的建議。例如，他們在互相交換監管方法時，雙方都需要出動多種社交技巧，包含尊重和傾聽他人、理解以及避免衝突等（Blau & Shamir-Inbal，2017）。

Vygotsky（1962）認為，認知的發展是將接收外在資訊轉而成為內化認知的歷程（outside-in process），也是一個自然人逐漸成為社會人的過程（這也是為什麼 Vygotsky 的認知發展理論被稱之為社會文化認知發展理論的原因）。Vygotsky 認為，人會經由探索，從社會中學習如何內化知識、取得共好以及達成目標；透過這些互動，逐漸形塑人的思想（Palincsar & Herrenkohl，1999）。而共享調節的過程，就是在與較高階監控管理能力的人互動（DiDonato，2013），個體會從而學習許多社會化工具或專家行為，然後他們可以內化這些工具。又另外舉例，我是一個急性子的人，事情常常做不好。我發現我的學姊做事總是不疾不徐，她不僅能在時間截止前把事情完成，更能將事情做得很好。於是我從旁觀察學姊，並學習她優雅做事情的方法。從觀察她工作的分配、肢體動作以及說話的方式，我慢慢去臨摹那些我觀察到且認為自己可以學習到的優點，慢慢改變自己的態度與策略。這些過程表明，外界（甚至是較高階學習者）的知識或技能，並不是直接轉移給學習者（如教師直接對學生講述知識），而是學習者透過引導、觀察、分析與參與這個轉變的過程，逐漸學到屬於自己的知識或技能。最後，當然，當這些知識與技能已經內化到自己身上後，我們會檢視

這些優點在我們身上發揮的效果；如果是好的轉變，他會成為我們去鼓勵他人改變所建議的策略。反之，如果這個轉變並不適合個體，他將會再去尋覓其他效仿的人物、知識或技能。

　　在 DiDonato（2013）的說明中，他認為共同調節經常發生在於監管程度較高者（在他的研究中稱之為 MRP）去承擔監管程度較低的人（稱為 LRP）。這樣的調節方法是讓 LRP 的人能學習 MRP 所推薦或選用的策略，來共同或各自完成學習任務，並向更好的自律學習邁進。舉較生活化的例子，姊姊會帶著妹妹讀書（當然，這有可能是媽媽交代下來的任務）。通常，姊姊會有較高的自律能力表現，但妹妹會有樣學樣地拿出鉛筆盒，打開她的習作，坐下來跟著姊姊一起學習。當姊姊發現妹妹分心時，姊姊會出手制止，或嘗試用某些方法讓妹妹專心學習。例如，她可能會跟妹妹說，先把作業完成，我們等一下就可以去看電視。這句話不僅隱藏姊姊希望妹妹一同完成作業的鼓勵；姊姊更在告訴妹妹，這是我幫助自己專心學習的方法──提供外在動機。而她們這樣的合作或交流，能使妹妹（LRP）從姊姊（MRP）身上學到她未來可能可以使用的策略。當然，她們也有可能因為共同調節，發展出額外的調節方法；例如，姊姊教導妹妹數學解題技巧，妹妹在姐姐畫圖畫不出來的時候提供創意的思考。因為在學習過程，她們會逐漸發現對方的優點或學習的優勢；透過欣賞他人的優點以及嘗試與他人溝通（這些也都屬於共同調節的範疇），來獲得更多的學術與社會效益（Vauras 等人，2003）

　　本書參考 Allal（2018）以及 Lajoie & Lu（2012）的課程

為例，將共同調節分別導入寫作課程。

這個寫作課程設計的目的，是鼓勵學生盡可能產生有趣且寫得很好的文章內容。寫作的主題設定為我想成為的職業；這是一個他們熟悉且切身相關的主題；他們經常從生活或社群平台中，得知相關職業的工作內容、生活以及經歷等。這個課程可以為期三堂課（如同前述，調節是一個花費時間的歷程，需要從許多互動與調整過程來獲得的技能），以下說明每一堂課程的進行方式：

第一堂課：

在寫作課程開始前，教師要求學生攜帶能說明這個職業相關內容的文本、影片或者相關佐證資料，到課堂中與班上同學進行討論。在教師解釋了寫作活動的目標後，可以開放一個共編的討論版讓學生能展示他們帶到課堂中的文件，並要求他們為這個職業寫下特定的關鍵字。如此一來，全班會有一份共編的文件，裡面包含每個人所分享的職業，以及他們對這個職業的看法（關鍵字）。例如，有位同學分享了他爸爸的職業與內容，他爸爸是一位大學教授，他附上了爸爸最近進入 Elsevier 統計之「全球前 2% 頂尖科學家」的新聞；然後附上三個與這個職業有關的關鍵字：權威、好學與幽默。透過這些特質的描述，全班能夠知道每個人對這些職業的看法；同樣的，也可以知道每個人對不同職業觀感的差別。這裡，其實是在引導學生進行組織的自律學習策略。

接著，教師將學生分組，並設定是欲撰寫相同職業的人分配到同一組。將欲撰寫相同職業的人分到同一組，旨在增加他

們對閱讀、修正與討論彼此文章內容的興趣。因為他們所選的職業相同的關係，他們的文章中通常可以包含這個職業更細節的資料，更有可能是切身經歷的事情。在他們聆聽完彼此對這個職業的見解後，他們可以為對方的資料做更多額外的補充；此刻的調節，是透過個體切身經驗，提供他人在寫作上可以進步或增加特色性的部分。甚至於，他們對這個職業，可能會有兩種不同的見解；兩個人可以針對不同的方向進行寫作，產生出更有創意的寫作內容。例如：大學教授可能有人是熱衷於研究，有人是熱衷於教學。其中一位同學可以針對研究產能較突出的教授的生活與經歷描寫；而另一位同學，可以針對教學成效相當優秀的教授之生活與經歷描述。

第二堂課：

這一堂課一開始可以進行全班討論，教師先帶領學生集體「腦力激盪」，討論當要以自傳的角度來描寫各個職業時，應該要包含或減少哪方面的陳述。這時學生可以對照在第一堂課列出來的關鍵字，去決定那些內容的去留。接著，教師讓學生在課堂中，在不與同儕討論的情況下，完成他們的文章初稿。

第三堂課：

這一堂課的目的在於彼此修改文章內容。一開始教師先進行全班討論，在課堂中再度提醒學生自傳的寫作指南；此刻，教師可以先準備幾個錯誤例句，讓每一組同學都能分享這些例句需要修正的部分，以確認每組學生對自傳寫作方法的熟悉程度。

接著，同學們會開始在組內同儕的初稿中標記建議修改的

內容。而為了讓他們可以同步討論與共筆，教師可以鼓勵學生選用可以共同註記功能的應用程式（例如 Google 文件、GoodNotes、Evernote 等）。運用這個方法，學生間可以在各自的載具中看到對方修改的意見，並從而調整自己的初稿內容。而如果是在課餘時間，這些有共同註記功能的應用程式，也會變成學生溝通寫作內容的平台。透過這樣分組比對各自文本；他們除了可以確認目前的寫作技巧是否符合教師建議的自傳寫作手法外，他們也可以相互檢視是否滿足他們在第一堂課討論的寫作方向或寫作內容。他們可以共同處理這些文本，並提醒對方需要調整或增減的內容，並各自完成修訂後的文本。

　　從這三堂課的寫作內容中，我們可以得知共同調節跟自我調節有相同的地方，那就是學生為了自己的學習表現進行努力。他需要遵照教師設定的範圍、條件與時間，並運用自己找尋到的資源來完成學習內容。然而，他也有與社會共享調節相似之處，那就是同儕會進行共同監督與分享；藉由雙方不同的經驗與思考，提供對方參考的意見或修正方向，以幫助對方能完成自己的文本。在這個過程，大家不難發現，共同調節也可以作為個人幫助對方的過程，並透過幫助對方來學習如何與他人溝通，從中發現對方的優點與自己能調整之處。藉由這個歷程，逐漸將自己的學習內化。

（五）醫學類科醫療決策

　　這是一個模擬醫療急救的活動，是用來讓學生模擬在醫學

內科中可能遇到的醫療急救情境。這個課程過去的設置方式
為，學生會以小組的方式，扮演醫生群，他們需要根據病人迅
速惡化的病情盡快做出決策。這個活動會採用小組合作學習的
方式，是為了減少旁觀者效應，讓每個學生都能參與其中，共
同思考與共享理解內容（Johnson & Johnson，1999）。透過這
這樣的課程設計，2-3 名學生組成一個團隊，他們可以在團隊
中互相聆聽並討論替代方案；他們也可以輪流擔任一個團隊中
的主要決策醫師，促使每個人都認真思考與聆聽每一次的決
策，幫助學生發展社交與溝通技巧。

教師在這個課程中扮演兩個腳色，一個是惡化中的病人，
另一個是負責聽從醫生指令並進行護理的護士。作為惡化的病
人，老師會表演出病人不斷變化的身體狀況；作為護士，教師
會不斷更新病人的生命徵象和症狀變化。學生的任務是透過護
士回報的病徵，找出問題的直接原因，以停止惡化中的生命徵
象並將其恢復到正常值，以穩定病人的狀態。如果他們做對了，
病人就會康復；如果他們什麼都不做或者做錯了，病人就會變
得更病重。

隨著病情的進展，如果學生未能解決問題，病人的狀況將
更快地惡化。學生向護士提問有關病人的問題，得與醫療小組
討論後，決定下一步該做什麼。護士執行學生決策的指示，並
更新病人的生命徵象和症狀的任何變化。從以上看起來，這像
是一個社會共享調節的活動；小組內有共同的目標，他們必須
要醫治好這位病人。於是，他們可能會如同前一節的魯布·戈
爾德堡機械一樣，有分工，並且在一定的時間壓力下進行決策。

然而，當一個醫療團隊想不出辦法，需要幫忙的時候，他們可
以邀請其他學生介入解決問題。例如，當他們遇到困難時，教
師提示他們可以呼叫進階醫療團隊（由另一個團隊扮演）；這
個團隊將在聆聽學生們說明目前病人的症狀並參考他們過去的
決策內容後，提供可行的解決方案。而如果進階醫療團隊無法
解決該問題時，則可以繼續呼叫高階醫療團隊來參與討論。從
面對困難到協尋他人幫忙，這種跨團隊間的溝通與尋求協助，
將對學生的後設認知以及共同調節能力產生更明確的影響。

　　學生在這樣的課程中，他會評估目前現場的狀況，並透過
小組的討論與進行決策。但當他們決策的結果並無法產生理想
的結果時，他們會開始分析與評估先前的決策與症狀可能不合
之處，且再加入新的危及生命象徵後，再度接受挑戰。這個過
程富含許多認知策略與後設認知的決策；認知的策略包含規
劃、收集數據、管理與解釋現象，而後設認知的決策包含評估
規劃內容、執行策略與現象解釋的原因與有效性。當學生透過
資料蒐集、分析與產出決策時，後設認知其實同時在運作。他
們會在心理評估著：這樣的方法可行嗎？可能會有什麼後果？
我這樣進行的理由是什麼？我下次應該如何思考與整理資料會
更快速？研究指出，人們在合作解決問題的情境下學習，會有
更多後設認知的參與以及認知與後設認知的交流（Iiskala 等
人，2011；Lin 等人，2013）。這樣的課程，除了在醫學上可
以使用外，中小學教師亦可以放在有不確定因素的課程中進
行，例如環境保育、熱帶魚照顧、移工權益問題或者露宿者照
護措施等；教師，身為具較高階知識者，較熟悉這些議題背後

曾經的決策與困難（就如同較有經驗的醫生，較能推論出特殊病因）；而學生則擔任這個議題實際的問題解決者，他們透過與教師（執行者）進行互動，模擬每個策略所產生的結果，並評估過去所有的策略對現階段結果的有效性。

　　而在這樣的教學中，學生記錄惡化病人的溝通活動與醫學決策是重要的。就如同我們到醫院看診，醫生總會詳實記錄每一次我們的就診紀錄；透過這些就診紀錄，可以方便醫生在下一次進行醫療時，進行綜合評估。在這個活動也是，學生自己在分析或者跟團隊成員在討論的時候，會在病歷上面進行筆記；筆記的內容包含病人的症狀、每次醫囑的內容以及醫療的效果等。同樣地，如同之前的活動，互動式的共編空間輔助，能促進小組內有效地討論各種不同的醫囑以及症狀之間的反應；除此之外，病人的相關生理現象（如紅血球量、白血球量或糖化血色素等）都可以運用視覺化的工具產生圖表；甚至於，有些圖表可以動態呈現每一次醫囑對生理現象產生的數據變化。透過這些科技化工具，協助學生進行溝通與決策，更有助於學生進行患者管理。而當學生因為面對困難，協尋進階醫療團隊協助時，透過數位化的病歷與視覺化的生理現象數據，可以更快速讓進階醫療團隊了解目前病人的狀況。這些技術的支持，允許不同團隊在相同的文件中進行註解，並分享其他病人的案例，從而增加支持問題解決的活動。

　　Lajoie 與 Lu（2012）在這樣的課程中觀察學生之間互動的狀態。他發現，學生會出現一些共同調節的行為。當學生在觀察病人時，他們會用共編工具蒐集數據並管理病人的徵狀；當

他們蒐集到這些資料時，並不會急於下決策或發布自己的想法。而是會等其他同儕也提出類似的看法後，他們會決定採用特定的醫囑進行治療。但當其他團隊成員對於目前的作法提出質疑時，會引起學生的注意（這就如同是共同調節中，如果我做的反應讓對方感到不適時，我有可能會先收手了解狀況）。如果其他團隊成員有提出替代方案時，學生將會採納成員的建議，並進行決策。

此外，當一位學生註解了一些特定的症狀或先前的決策後，接著推論了目前病人可能發生原因。當另一位成員表示同意，但附帶了其他的建議後；學生會嘗試納入雙方的意見來進行下一個醫療行為。例如，學生註記了「葡萄糖」、「另一次注射」以及「藥物」後，並推論病人目前的的症狀是不適當使用藥物。團隊成員同意該項做法，但建議須「查看他的病歷」後再進行注射治療。於是，他們最後獲得的共識是，先「查看他的病歷」後再進行注射治療。從這個活動裡面，我們也可以看到高度的對話與註記內容以及病人的症狀對學生在進行決策的重要性。其實反觀，如同我們在進行自律、共同或社會調節，每一次的決策或分析，都可能影響我們下一次的結果。如果在學習過程，我們能將自己的學習歷程以及採取的方法詳實紀錄，那我們在尋求幫助或進行決策時，將有更多充足的資料進行分析與評估。尤其，當我們在學習過程遇到困難時，我們可以將我們自己的學習歷程攤開來讓專家（如教師）來為我們檢視，並與專家共同討論出可行性的方案。而隨著資訊科技的進步，許多教學資源逐漸數位化，學生有更多機會在科技佈建完

整的環境下進行學習。以目前臺灣常見的教學平台為例，我們能獲取到觀看影片的次數、影片觀看的熱度、測驗題進行的狀況甚至於是測驗題背後每個學習概念的完整程度。這些內容足以輔助我們進行自己的學習狀況評估。在未來，我們也非常期待有更多的工具，可以針對我們學習的策略進行紀錄；讓我們可以記錄下每一次的學習採用的方法，以幫助我們去分析與比較自己的學習策略與其他楷模同學的差別。

　　我們從這些課程範例，清楚看到後設認知如何參與共同調節的活動。他們都透過了大量的溝通以及詳實記錄自己的歷程，讓其他人參與我們的學習歷程並給予建議。在這個情況下，同儕給予的不僅有知識方面的傳遞，他會告訴我們的，包含他的讀書策略、寫作技巧以及決策思路。然而，要讓這些課程成功，不外乎教師需要提供一個共享的環境與默契（Cannon-Bowers 等人，1993；Orasanu，2005）；讓學生意識到這次的課程，其他人在我的學習中扮演的重要腳色，以及我對其他人學習的重要性。當然，這個環境的提供，除了對學生的認知與後設認知產生影響外，學生與其他人溝通與互動的調節也將產生變化。因為提供這些交流的機會，他們有更多時間來溝通問題，詳細解釋先前這樣思考的原因與接受或理性的反駁他人的意見（Cheng 等人，2012；Saariaho 等人，2018）。

　　當然，在這些課程裡，我們看到科技工具對自我調節、社會共享調節以及共同調節帶來的附加價值。特別是在同儕要進行討論時，科技可以是一個直接呈現內容、幫助同儕進行註記以及加速學生進行決策的工具。也因為這些科技的關係，它幫

助學生傳遞了自己的想法，不僅是成果上，更傳遞出了「我如何進行我的學習」的資訊。它幫助學生建立了互信的安全環境，除了幫學生建立與管理學習內容與學習歷程外，更幫助學生在課程中持續維持正向的學習情緒。

參考文獻

Allal, L. (2018). The co-regulation of writing activities in the classroom. *Journal of Writing Research*, *10*(1), 25-60. https://doi.org/10.17239/jowr-2018.10.01.02

Asterhan, C. S., & Bouton, E. (2017). Teenage peer-to-peer knowledge sharing through social network sites in secondary schools. *Computers & Education*, *110*, 16-34.

Asterhan, C., Clarke, S., & Resnick, L. (2015). Socializing intelligence through academic talk and dialogue. *Socializing Intelligence Through Academic Talk and Dialogue*, 1-480.

Baker, J. R. (2021). Exploring how rhetorical organization contributes to the readability of essays. *Journal of Language and Education, 7*(2), 78-92. https://doi.org/10. 17323/jle.2021.11240

Bandura, A. (1977). Self-efficacy: toward a unifying theory of behavioral change. *Psychological review*, *84*(2), 191.

Bartholomae, D., & Petrosky, A. R. (1986). *Facts, Artifacts and*

Counterfacts: Theory and Method for a Reading and Writing Course. Boynton/Cook Publishers, Inc., PO Box 860, 52 Upper Montclair Plaza, Upper Montclair, NJ 07043.

Benson, R., & Brack, C. (2010). *Online learning and assessment in higher education: A planning guide*. Elsevier.

Berninger, V. W., Abbott, R. D., Abbott, S. P., Graham, S., & Richards, T. (2002). Writing and reading: Connections between language by hand and language by eye. *Journal of Learning Disabilities, 35*(1), 39-56.

Berninger, V. W., & Swanson, H. L. (1994). Modifying Hayes & Flower's model of skilled writing to explain beginning and developing writing. In E. Butterfield (Ed.), *Children's writing: Toward a process theory of development of skilled writing* (pp. 57-81). Greenwich, CT: JAI Press.

Blau, I., & Shamir-Inbal, T. (2017). Re-designed flipped learning model in an academic course: The role of co-creation and co-regulation. *Computers & Education, 115*, 69-81. doi: https://doi.org/10.1016/j.compedu.2017.07.014

Blumenfeld, P. C., Soloway, E., Marx, R. W., Krajcik, J. S., Guzdial, M., & Palincsar, A. (1991). Motivating project-based learning: Sustaining the doing, supporting the learning. *Educational psychologist, 26*(3-4), 369-398.

Bodemer, D., & Dehler, J. (2011). Group awareness in CSCL environments. *Computers in Human Behavior, 27*(3),

1043-1045.

Brakel, V. L. (2015). The Revising Processes of Sixth-Grade Writers With and Without Peer Feedback. *The Journal of Educational Research*, *84*(1), 22-29. https://doi.org/10.1080/00220671.1990.10885987

Brimo, D., Apel, K., & Fountain, T. (2017). Examining the contributions of syntactic awareness and syntactic knowledge to reading comprehension. *Journal of Research in Reading, 40,* 57-74.

Cain, K. (2007). Syntactic awareness and reading ability: Is there any evidence for a special relationship? *Applied Psycholinguistics, 28*(4), 679-694.

Cannon-Bowers, J. A., Salas, E., & Converse, S. (1993). Shared mental models in expert team decision making. In N. J. J. Castellan (Ed.), Individual and group decision making (pp. 221-246). Hillsdale: Erlbaum.

Chang, S.-C., Hsu, T.-C., & Jong, M. S.-Y. (2020). Integration of the peer assessment approach with a virtual reality design system for learning earth science. *Computers & Education*, *146*, 103758. https://doi.org/https://doi.org/10.1016/j.compedu.2019.103758

Chen, C. S., & Lin, J. W. (2019). A practical action research study of the impact of maker-centered STEM-PjBL on a rural middle school in Taiwan. *International Journal of*

Science and Mathematics Education, *17*(Suppl 1), 85-108.

Chen, Y. C., & Tsai, C. C. (2009). An educational research course facilitated by online peer assessment. *Innovations in Education and Teaching International*, *46*(1), 105-117.

Cheng, K. H., & Hou, H. T. (2015). Exploring students' behavioural patterns during online peer assessment from the affective, cognitive, and metacognitive perspectives: A progressive sequential analysis. *Technology, Pedagogy and Education*, *24*(2), 171-188.

Cheng, K. H., Hou, H. T., & Wu, S. Y. (2012). Exploring students' emotional responses and participation in an online peer assessment activity: a case study. *Interactive Learning Environments*, *22*(3), 271-287. https://doi.org/10.1080/10494820.2011.649766

Chik, P. P. M., Ho, C. S. H., Yeung, P. S., Chan, D. W. O., Chung, K. K. H., Luan, H., ... & Lau, W. S. Y. (2012). Syntactic skills in sentence reading comprehension among Chinese elementary school children. *Reading and Writing*, *25*, 679-699.

Chiu, C. M., Hsu, M. H., & Wang, E. T. (2006). Understanding knowledge sharing in virtual communities: An integration of social capital and social cognitive theories. *Decision support systems*, *42*(3), 1872-1888.

Chu, S. K. W., Tse, S. K., & Chow, K. (2011). Using collaborative teaching and inquiry project-based learning to help primary school students develop information literacy and information skills. *Library & Information Science Research*, *33*(2), 132-143.

Chuang, S. C., Lin, F. M., & Tsai, C. C. (2015). An exploration of the relationship between Internet self-efficacy and sources of Internet self-efficacy among Taiwanese university students. *Computers in Human Behavior*, *48*, 147-155. https://doi.org/https://doi.org/10.1016/j.chb.2015.01.044

Compton, R. M., Meyer, R. L., Stevenson, A., & Teng, S. (2021). 4-H Engineering Design Challenge Program: Engaging Youth in STEM Learning. *The Journal of Extension*, *59*(2), 14.

Cornelius-White, J. (2007). Learner-centered teacher-student relationships are effective: A meta-analysis. *Review of educational research*, *77*(1), 113-143.

Daley, B. J., Shaw, C. A., Balistrieri, T., Glasenapp, K., & Piacentine, L. (1999). Concept maps: A strategy to teach and evaluate critical thinking. *Journal of nursing education*, *38*(1), 42-47.

Datchuk, S. M., & Kubina, R. M. (2013). A review of teaching sentence-level writing skills to students with writing difficulties and learning disabilities. *Remedial and Special Education, 34*(3), 180-192.

Davies, M. (2011). Concept mapping, mind mapping and argument mapping: what are the differences and do they matter?. *Higher education*, *62*, 279-301.

Demir, M. (2018). Using online peer assessment in an Instructional Technology and Material Design course through social media. *Higher Education*, *75*(3), 399-414.

DiDonato, N. C. (2013). Effective self-and co-regulation in collaborative learning groups: An analysis of how students regulate problem solving of authentic interdisciplinary tasks. *Instructional science*, *41*, 25-47.

Dignath, C., Buettner, G., & Langfeldt, H. P. (2008). How can primary school students learn self-regulated learning strategies most effectively?: A meta-analysis on self-regulation training programmes. *Educational Research Review*, *3*(2), 101-129.

Du, J., Fan, X., Xu, J., Wang, C., Sun, L., & Liu, F. (2019). Predictors for students' self-efficacy in online collaborative groupwork. *Educational Technology Research and Development*, *67*, 767-791.

El-Mowafy, A. (2014). Using peer assessment of fieldwork to enhance students' practical training. *Assessment & Evaluation in Higher Education*, *39*(2), 223-241. https:// doi.org/10. 1080/02602938.2013.820823

Evans, S., & Morrison, B. (2011). Meeting the challenges of English-medium higher education: The first-year experience in Hong Kong. *English for Specific Purposes*, *30*(3), 198-208.

Fitzgerald, J., & Shanahan, T. (2000). Reading and writing relations and their development. *Educational Psychologist, 35*(1), 39-50.

Fransen, J., Weinberger, A., & Kirschner, P. A. (2013). Team effectiveness and team development in CSCL. *Educational psychologist*, *48*(1), 9-24.

Granger, C. A., Morbey, M. L., Lotherington, H., Owston, R. D., & Wideman, H. H. (2002). Factors contributing to teachers' successful implementation of IT. *Journal of computer assisted learning*, *18*(4), 480-488.

Glenberg, A. M., Gutierrez, T., Levin, J. R., Japuntich, S., & Kaschak, M. P. (2004). Activity and imagined activity can enhance young children's reading comprehension. *Journal of educational psychology*, *96*(3), 424.

Glenberg, A. M., Meyer, M., & Lindem, K. (1987). Mental models contribute to foregrounding during text comprehension. *Journal of memory and language*, *26*(1), 69-83.

Goodrich, J. M., Farrington, A. L., & Lonigan, C. J. (2016). Relations between early reading and writing skills among Spanish-speaking language minority children. *Reading and Writing: An Interdisciplinary Journal, 29*(2), 297-319.

Graesser, A. C., Millis, K. K., & Zwaan, R. A. (1997). Discourse comprehension. *Annual review of psychology, 48*(1), 163-189.

Graham, S., & Hebert, M. (2011). Writing to read: A meta-analysis of the impact of writing and writing instruction on reading. *Harvard Educational Review, 81*(4), 710-744.

Hadwin, A. F., & Perry, N. E. (2013). Metacognition and computer-supported collaborative learning. *The international handbook of collaborative learning, 462.*

Hadwin, A. F., Järvelä, S., & Miller, M. (2011). Self-regulated, Co-regulated, and Socially shared regulation of learning, Handbook of Self-regulation of Learning and Performance. 2011.

Hamalainen, R. (2008). Designing and evaluating collaboration in a virtual game environment for vocational learning. *Computers & Education, 50*(1), 98-109.

Hanrahan, S. J., & Isaacs, G. (2001). Assessing self-and peer-assessment: The students' views. *Higher Education Research & Development, 20*(1), 53-70.

Hasni, A., Bousadra, F., Belletête, V., Benabdallah, A., Nicole, M. C., & Dumais, N. (2016). Trends in research on project-based science and technology teaching and learning at K-12 levels: a systematic review. *Studies in Science education, 52*(2), 199-231.

Hay, D., Kinchin, I., & Lygo-Baker, S. (2008). Making learning visible: the role of concept mapping in higher education. *Studies in higher education*, *33*(3), 295-311.

Hensley, L. C., Iaconelli, R., & Wolters, C. A. (2022). "This weird time we're in": How a sudden change to remote education impacted college students' self-regulated learning. *Journal of Research on Technology in Education*, *54*(sup1), S203-S218.

Hew, K. F., & Hara, N. (2007). Empirical study of motivators and barriers of teacher online knowledge sharing. *Educational technology research and development*, *55*, 573-595.

Hicks, T., Bruner, J., & Kaya, T. (2017). Implementation of Blogging as an Alternative to the Lab Report. *The International journal of engineering education*, *33*(4), 1257-1270.

Hmelo-Silver, C. E. (2004). Problem-based learning: What and how do students learn?. *Educational psychology review*, *16*, 235-266.

Hmelo-Silver, C. E., & Barrows, H. S. (2008). Facilitating collaborative knowledge building. *Cognition and instruction*, *26*(1), 48-94.

Ho, S. M. (2014). The development of a school-based model of self-regulated learning in Hong Kong secondary school classrooms. *Asia Pacific Journal of Educational*

Development (APJED), *3*(2), 25-36.

Howe, C., & Abedin, M. (2013). Classroom dialogue: A systematic review across four decades of research. *Cambridge journal of education*, *43*(3), 325-356.

Hsu, H. P., Wenting, Z., & Hughes, J. E. (2019). Developing elementary students' digital literacy through augmented reality creation: Insights from a longitudinal analysis of questionnaires, interviews, and projects. *Journal of Educational Computing Research*, *57*(6), 1400-1435.

Hung, C. M., Hwang, G. J., & Huang, I. (2012). A project-based digital storytelling approach for improving students' learning motivation, problem-solving competence and learning achievement. *Journal of Educational Technology & Society*, *15*(4), 368-379.

Hwang, G.-J., Wang, S.-Y., & Lai, C.-L. (2021). Effects of a social regulation-based online learning framework on students' learning achievements and behaviors in mathematics. *Computers & Education*, *160*, 104031. https://doi.org/https://doi.org/10.1016/j.compedu.2020.104031

Iiskala, T., Vauras, V., Lehtinen, E., & Salonen, P. (2011). Socially shared metacognition of dyads of pupils in collaborative mathematical problem-solving processes, Learning and Instruction, 21, 374-393.

Järvelä, S., & Hadwin, A. F. (2013). New frontiers: Regulating learning in CSCL. *Educational psychologist, 48*(1), 25-39.

Järvelä, S., Järvenoja, H., & Veermans, M. (2008).
Understanding the dynamics of motivation in socially shared
learning. *International Journal of Educational Research,
47*(2), 122-135.

Järvelä, S., Kirschner, P. A., Panadero, E., Malmberg, J.,
Phielix, C., Jaspers, J., ... & Järvenoja, H. (2015).
Enhancing socially shared regulation in collaborative
learning groups: Designing for CSCL regulation tools.
Educational Technology Research and Development, 63,
125-142.

Järvelä, S., Malmberg, J., & Koivuniemi, M. (2016). Recognizing
socially shared regulation by using the temporal sequences
of online chat and logs in CSCL. *Learning and Instruction,
42*, 1-11.

John, N. A. (2013). Sharing and Web 2.0: The emergence of a
keyword. *New media & society, 15*(2), 167-182.

Johnson, D. W., & Johnson, R. T. (Eds.). (1999). Learning
together and alone: Cooperative, competitive, and
individualistic learning (5th ed.). Boston: Allyn & Bacon.

Kim, Y.-S. G., & Schatschneider, C. (2017). Expanding the
developmental models of writing: A direct and indirect
effects model of developmental writing (DIEW). *Journal of
Educational Psychology, 109*(1), 35-50.

Kintsch, W. (1998). *Comprehension: A paradigm for cognition.* Cambridge university press.

Kirschner, P. A., Beers, P. J., Boshuizen, H. P., & Gijselaers, W. H. (2008). Coercing shared knowledge in collaborative learning environments. *Computers in human behavior, 24*(2), 403-420.

Lai, C. L., & Hwang, G. J. (2015). An interactive peer-assessment criteria development approach to improving students' art design performance using handheld devices. *Computers & Education, 85,* 149-159. https://doi.org/http://dx.doi.org/10.1016/j.compedu.2015.02.011

Lai, C.-L., & Hwang, G.-J. (2021). Strategies for enhancing self-regulation in e-learning: a review of selected journal publications from 2010 to 2020. *Interactive Learning Environments,* 1-23.

Lajoie, S. P., & Lu, J. (2012). Supporting collaboration with technology: does shared cognition lead to co-regulation in medicine?. *Metacognition and Learning, 7,* 45-62.

Lee, J., & Schallert, D. L. (2016). Exploring the reading-writing connection: A yearlong classroom-based experimental study of middle school students developing literacy in a new language. *Reading Research Quarterly, 51*(2), 143-164.

Lin, P.-C., Hou, H.-T., Wang, S.-M., & Chang, K.-E. (2013). Analyzing knowledge dimensions and cognitive process of a project-based online discussion instructional activity using Facebook in an adult and continuing education course. *Computers & Education, 60*(1), 110-121. https://doi.org/10.1016/j.compedu.2012.07.017

Lin, Y. Q., Liu, Y., Fan, W. J., Tuunainen, V. K., & Deng, S. L. (2021). Revisiting the relationship between smartphone use and academic performance: A large-scale study. *Computers in Human Behavior, 122*, Article 106835. https://doi.org/10.1016/j.chb.2021.106835

Liu, C. C., Lin, C. C., Chang, C. Y., & Chao, P. Y. (2014). Knowledge sharing among university students facilitated with a creative commons licensing mechanism: a case study in a programming course. *Journal of Educational Technology & Society, 17*(3), 154-167.

Lu, J., & Law, N. (2012). Online peer assessment: Effects of cognitive and affective feedback. *Instructional Science, 40*, 257-275.

Machado, C. T., & Carvalho, A. A. (2020). Concept mapping: Benefits and challenges in higher education. *The Journal of Continuing Higher Education, 68*(1), 38-53.

Mäkitalo, K., Häkkinen, P., Leinonen, P., & Järvelä, S. (2002). Mechanisms of common ground in case-based web discussions in teacher education. *The Internet and Higher Education, 5*(3), 247-265.

Maldonado-Mahauad, J., Pérez-Sanagustín, M., Kizilcec, R. F., Morales, N., & Munoz-Gama, J. (2018). Mining theory-based patterns from Big data: Identifying self-regulated learning strategies in Massive Open Online Courses. *Computers in Human Behavior*, *80*, 179-196. https://doi.org/https://doi.org/10.1016/j.chb.2017.11.011

Malmberg, J., Järvenoja, H., & Järvelä, S. (2010). Tracing elementary school students' study tactic use in gStudy by examining a strategic and self-regulated learning. *Computers in Human Behavior*, *26*(5), 1034-1042.

Martinez-Jimenez, R., & Ruiz-Jimenez, M. C. (2020). Improving students' satisfaction and learning performance using flipped classroom. *International Journal of Management Education*, *18*(3), Article 100422. https://doi.org/10.1016/j.ijme.2020.100422

Mayer, R. E. (1996). Learners as information processors: Legacies and limitations of educational psychology's second.. *Educational psychologist*, *31*(3-4), 151-161.

McCaslin, M., & Hickey, D. T. (2001). Self-regulated learning and academic achievement: A Vygotskian view. In B. J. Zimmerman & D. H. Schunk (Eds.), *Self-regulated learning and academic achievement: Theoretical perspectives* (pp. 227-252). New York: Lawrence Erlbaum Associates.

Molinillo, S., Aguilar-Illescas, R., Anaya-Sánchez, R., &

Vallespín-Arán, M. (2018). Exploring the impacts of interactions, social presence and emotional engagement on active collaborative learning in a social web-based environment. *Computers & Education*, *123*, 41-52.

Morgan, A. (1983). Theoretical aspects of project-based learning in higher education. *British Journal of Educational Technology*, *14*(1), 66-78.

Novak, J. D., & Cañas, A. J. (2006). The origins of the concept mapping tool and the continuing evolution of the tool. *Information visualization*, *5*(3), 175-184.

Orasanu, J. (2005). Crew collaboration in space: A naturalistic decision-making perspective. Aviation, Space, and Environmental Medicine, 76(6), II, Supplement B154-163.

Palincsar, A. S., & Herrenkohl, L. R. (1999). Designing collaborative contexts: Lessons from three research programs. In A. O'Donnell & A. King (Eds.), *Cognitive perspectives on peer learning* (pp. 151-177). Mahwah, NJ: Erlbaum.

Paltridge, B. (2004). Academic writing. *Language teaching*, *37*(2), 87-105.

Perels, F., Gürtler, T., & Schmitz, B. (2005). Training of self-regulatory and problem-solving competence. *Learning and instruction*, *15*(2), 123-139.

Piaget, J. (1983). Piaget's theory. P. Mussen (ed). *Handbook of*

Child Psychology. 4th edition. Vol. 1. New York: Wiley.

Pinto, G., Bigozzi, L., Tarchi, C., Gamannossi, B. A., & Canneti, L. (2015). Cross-lag analysis of longitudinal associations between primary school students' writing and reading skills. *Reading and Writing: An Interdisciplinary Journal, 28*(8), 1233-1255.

Pintrich, P. R. (1999). The role of motivation in promoting and sustaining self-regulated learning. *International journal of educational research, 31*(6), 459-470.

Pressley, M., Graham, S., & Harris, K. (2006). The state of educational intervention research as viewed through the lens of literacy intervention. *British Journal of educational psychology, 76*(1), 1-19.

Saariaho, E., Anttila, H., Toom, A., Soini, T., Pietarinen, J., & Pyhalto, K. (2018). Student teachers' emotional landscapes in self-and co-regulated learning. *Teachers and Teaching, 24*(5), 538-558. doi: 10.1080/13540602.2018.1430565

Schlager, M. S., & Fusco, J. (2003). Teacher professional development, technology, and communities of practice: Are we putting the cart before the horse?. *The information society, 19*(3), 203-220.

Schwamborn, A., Mayer, R. E., Thillmann, H., Leopold, C., & Leutner, D. (2010). Drawing as a generative activity and drawing as a prognostic activity. *Journal of Educational*

Psychology, 102(4), 872.

Searby, M., & Ewers, T. (1997). An evaluation of the use of peer assessment in higher education: A case study in the School of Music, Kingston University. *Assessment & Evaluation in Higher Education, 22*(4), 371-383.

Slavin, R. E. (1996). Research on cooperative learning and achievement: What we know, what we need to know. *Contemporary educational psychology, 21*(1), 43-69.

Smith, F. (2014). *To think: In language, learning and education.* Routledge.

Topping, K. (1998). Peer Assessment Between Students in Colleges and Universities. *Review of Educational Research, 68*(3), 249-276. https://doi.org/10.3102/00346543068003249

Tsai, C. C., Lin, S. S., & Yuan, S. M. (2002). Developing science activities through a networked peer assessment system. *Computers & Education, 38*(1-3), 241-252.

Tsai, S.-C., Chen, C.-H., Shiao, Y.-T., Ciou, J.-S., & Wu, T.-N. (2020). Precision education with statistical learning and deep learning: a case study in Taiwan. *International Journal of Educational Technology in Higher Education, 17*(1), 12. https://doi.org/10.1186/s41239-020-00186-2

Tseng, S. C., Liang, J. C., & Tsai, C. C. (2014). Students' self-regulated learning, online information evaluative standards and online academic searching strategies.

Australasian Journal of Educational Technology, *30*(1), 106-121.

Van Dijk, T. A., & Kintsch, W. (1983). Strategies of discourse comprehension.

Van Meter, P. (2001). Drawing construction as a strategy for learning from text. *Journal of educational psychology*, *93*(1), 129.

Vauras, M., Iiskala, T., Kajamies, A., Kinnunen, R., & Lehtinen, E. (2003). Shared-regulation and motivation of collaborating peers: A case analysis. *Psychologia*, *46*(1), 19-37.

Viberg, O., Bälter, O., Hedin, B., Riese, E., & Mavroudi, A. (2019). Faculty pedagogical developers as enablers of technology enhanced learning. *British Journal of Educational Technology*, *50*(5), 2637-2650.

Vogel, A., Schneider, H., & Löffler, K. U. (2002). Histopathologische Befunde bei herpetischer Endotheliitis corneae-eine Kasuistik. *Klinische Monatsblätter für Augenheilkunde*, *219*(06), 449-453.

Vygotsky, L. S. (1962). Thought and language. Cambridge, MA: MIT Press.

Vygotsky, L. S., & Cole, M. (1978). *Mind in society: Development of higher psychological processes*. Harvard university press.

Wan, Z. H., Lee, J. C.-K., Yan, Z., & Ko, P. Y. (2021). Self-regulatory school climate, group regulation and individual regulatory ability: towards a model integrating three domains of self-regulated learning. *Educational Studies*, 1-16. https://doi.org/10.1080/03055698.2021.1894093

Wei, X. (2020). Assessing the metacognitive awareness relevant to L1-to-L2 rhetorical transfer in L2 writing: The cases of Chinese EFL writers across proficiency levels. *Assessing Writing*, *44*, 100452.

Weinberger, A., Stegmann, K., & Fischer, F. (2007). Knowledge convergence in collaborative learning: Concepts and assessment. *Learning and instruction*, *17*(4), 416-426.

Wilson, M., Howell, C., Martin-Morales, K., & Park, S. (2023). Concept mapping and reading comprehension. *Journal of Political Science Education*, 1-24.

Winne, P. H., Hadwin, A. F., & Perry, N. E. (2013). Metacognition and computer-supported collaborative learning. In C. Hmelo-Silver, A. O'Donnell, C. Chan, & C. Chinn (Eds.), *International handbook of collaborative learning* (pp. 462-479). New York: Taylor & Francis.

Wong, Y. K. (2018). Exploring the reading-writing relationship in young Chinese language learners' sentence writing. *Reading and Writing*, *31*(4), 945-964.

Xu, J. (2021). Chinese university students' L2 writing feedback orientation and self-regulated learning writing strategies in online teaching during COVID-19. *The Asia-Pacific Education Researcher*, *30*(6), 563-574.

Yeung, P. S., Ho, C. S. H., Chan, D. W. O., & Chung, K. K. H. (2013). Modeling the relationships between cognitive-linguistic skills and writing in Chinese among elementary grades students. *Reading and Writing*, *26*, 1195-1221.

Yowell, C. M., & Smylie, M. A. (1999). Self-regulation in democratic communities. *The Elementary School Journal*, *99*(5), 469-490.

Zhang, J., Scardamalia, M., Lamon, M., Messina, R., & Reeve, R. (2007). Socio-cognitive dynamics of knowledge building in the work of 9-and 10-year-olds. *Educational Technology Research and Development*, *55*, 117-145.

Zhao, H., Chen, L., & Panda, S. (2014). Self-regulated learning ability of C hinese distance learners. *British Journal of Educational Technology*, *45*(5), 941-958.

Zhukov, K. (2015). Challenging approaches to assessment of instrumental learning. *Assessment in music education: From policy to practice*, 55-70.

Zimmerman, B. J. (1989). A social cognitive view of self-regulated academic learning. *Journal of educational psychology*, *81*(3), 329.

Zimmerman, B. J. (1990). Self-regulated learning and academic achievement: An overview. *Educational psychologist*, *25*(1), 3-17.

Zimmerman, B. J., & Schunk, D. H. (Eds.). (2001). *Self-regulated learning and academic achievement: Theoretical perspectives.* Routledge.

Zimmerman, B. J., & Schunk, D. H. (2011). Motivational sources and outcomes of self-regulated learning and performance. *Handbook of self-regulation of learning and performance*, *5*(3), 49-64.

第六章　科技輔助自律學習的教學活動設計

　　臺灣教育部自 2019 年推動十二年國民基本教育課程綱要（簡稱 108 課綱），除了強調素養導向教學外，更鼓勵教師設計自律學習活動，讓學生養成良好的學習習慣。因此，教師在設計課程時，除了針對學科知識的傳遞效率進行考量外，更需要思考如何提供學生充分的目標設定與反思時間。讓學生跟隨教師的腳步，從學習過程逐漸認識自己的學習模式；同時，教師可以透過多種知識組織工具，用以提升學生後設認知思考。

　　在前幾章節中，本書介紹了自律學習的理論、循環、策略、自學與共學的教學活動設計。在這些教學活動裡面，教師授課的腳色仍相當重要，他不僅要引導學生學習正確的知識，並且要引導學生逐步進行自律學習。但當學生的自律學習能力較純熟時，教師的腳色以及課堂的活動可以逐漸轉變（Ho，2014），下表 26 是針對自律學習的不同層次以及教師、學生以及課程因素之對應分類。

表 26　自律學習的層級與腳色定位

	高引導式	平衡式	高協作式	高自學式
學生因素	初階自律學習能力初階	具備一定的自律學習能力	良好的社交與小組合作能力	自律學習能力佳
教師因素	自律學習課堂經驗較少	已累積一定的自律學習課堂經驗	與學生有融洽的關係且課堂經營良好	自律學習課堂技巧純熟
學科因素	較抽象和艱難的課題	需要學生產出對應的知識內容	多角度探討議題	可獨立進行專題的課程

　　第一，高引導式活動多用於剛開始進行自律學習的學生或老師。我們因為對自律學習的模式不熟，所以教師需要找多一點的參考範例（如同本書提供的內容）；又學生過去鮮少參與這樣的設定與反思歷程，因此，我們需要提供給學生多一點引導的表單或機制。從每一次的目標設定與反思中，教師與學生都在過程中成長。當然，學科也有可能是一個考量的因素，如果這堂課程的內容比較艱難或抽象，過去不太常採用讓學生進行專題或產出相對應內容的單元，我們可以傾向保持原本的課程規劃。

　　而如果教師與學生開始累積一定的自律學習能力，而且學科課程可以讓學生開始產出一些內容，包含概念組織、文章撰寫或實驗操作等等，就可以考慮往平衡式學習活動前進。因為教師已經有一定的自律學習經驗，所以教師可以開始設定彈性的目標規劃表單、學習監督機制以及學習反思內容。如果可行，教師也可以邀請學生一同參與目標設定，鼓勵學生針對自己的

學習進行安排。

第三，高協作式。我們會來到社會共享調節階段，透過幫助學生做合作學習的學科，鼓勵學生從多角度探討課程議題；同時，從與同儕的互動與討論，增加自己共同調節的能力。因此，在這個層次，學生自律學習能力以及教師的自律學習課程規劃能力就更為彈性。他們也可以更針對自己的學習目標以及學習狀況進行反思。

最後，高自學式是期望學生在相對高度彈性的學習環境中進行學習。學生甚至可以為自己設定完整的學習目標與活動；而教師在這個時間點，就需要擔任稱職的引導者。在學生設定完目標後，教師可以陪學生檢視目標；當學生開始進行活動時，教師可以陪學生一同檢視進度；當學生在反思時，教師陪伴學生一同確認學習狀況。這期間的活動與策略，全權由學生自己規劃；教師只在學生提出求救訊號時，參與他的學習活動。以下，我們將針對四階層的自律學習活動設計進行說明。

一、高引導科技輔助自律學習活動設計

（一）英語課程：單字練習

課程單元

國小五年級英語《Transportation》

使用教材

Scholastic Book Services 出版之《*This is the way we go to*

school》

教學長度

　　兩週，每週各兩節課。每節課 100 分鐘。

教學目標

　　1. 學生能聽懂交通工具主題單字句型的日常生活對話。

　　2. 學生能認讀並使用 Transportation 主題單字。

　　3. 學生能將主題單字句型運用於生活對話中。

　　4. 學生能樂於聽讀故事書並參與問答及討論。

自律學習重點

　　1. 培養學生時間規劃與管理。

　　2. 培養學生測驗準備技巧。

課程說明

第一週課程：精熟課文內容

　　這是第一堂英語課，是學生第一次接觸這個故事，教學重點主要於帶領學生閱讀整篇故事。在此部分的教學，教師可採用過去的教學模式，班級學生聽英語朗讀影片；並請學生在聆聽過程，標記出自己不懂的單字以及可能是交通工具的單字。接著，教師在課堂中逐一帶領學生討論與認識新單字。

　　在第一週的第一節課結束前，教師列出本週的回家作業，作業內容如下：

　　1. 聽與讀故事《*This is the way we go to school*》。

　　2. 讀課文。

　　3. 在課文中標記重點。

　　4. 寫習作的單字與句型。

　　下課前，教師除了說明回家作業外，需帶領學生認識自律學習聯絡單。自律學習聯絡單分為三大部分，第一大部分為讀書計畫單，第二部分為反思紀錄單以及第三部分為總心得。在讀書計畫單裡，教師羅列本週回家作業，學生可依據自己每天的行程安排要執行的作業；如表 27 所示。學生可以規劃每週閱讀讀物與課文的次數，並根據自己放學後的時間安排進行規劃。除了閱讀讀物外，學生亦需要規劃自己完成習作的時間，並預留檢查作業的時間。此部分的目的是為了訓練學生評估自己每天的時間安排，並在合適的時間進行適合的學習任務。除此之外，他必須根據自己過去的英語能力表現，評估該項任務他必須要花多久的時間完成。因此，第一部分的安排，除了要求學生把該完成的任務完成外，更重視的是學生自己對時間的規劃與自我能力的評估。

表 27　讀書計畫單

本週英語回家作業（由教師設定）	
1. 聽與讀故事《*This is the way we go to school*》 2. 讀課文 3. 在課文中標記重點 4. 寫習作的單字與句型	
請規劃與分配你完成作業的時間	
日期	你預計要執行的作業有哪些呢？
10/1	● 聽與讀故事《*This is the way we go to school*》2 次

10/2	● 讀課文 ● 劃記課文重點
10/3	● 聽與讀故事《*This is the way we go to school*》1 次 ● 寫習作的單字區
10/4	● 讀課文
10/5	● 聽與讀故事《*This is the way we go to school*》1 次 ● 寫習作的句型區
10/6	● 整理與檢查習作內容

　　第二部分為執行後的反思紀錄單，如表 28。主要是用來幫助學生檢核自己是不是有依照自己規劃的行程完成目標。而在該表單中，並不會只詢問學生是否完成任務，而是要求學生針對自己學習的環境、時間、同伴以及可能分心的事物進行評估。換言之，當學生未順利完成任務時，他們需要對自己可能導致任務未完成的原因進行評估。例如，學生在 10 月 1 日指出因為家貓的關係，影響他學習的進度。為了幫助學生進行自律學習的改善，則需先引導學生分析在學習過程中可能面臨的困難與挑戰。學生如能指出分心的事物（家貓），那他們就能提出如何改善的方法（把家貓放在紙箱裡）。在表格中，亦包含自我表現評估，1 分代表很不滿意，5 分則代表非常滿意；這是一個讓學生自己學會有意義的學習以及快樂學習的機會。當學生完成當天任務時，他們能羅列出可能的分心事物，並針對自己的學習成果進行評估。如果學生選擇 4 或 5 分，表示他們對於當

天的學習狀況表示滿意。反之，如果學生選擇是 1 或 2 分，則代表這些分心的事物可能大大影響他們的學習表現；是一個迫切需要被調整的事項。這個反思方法，不僅是幫助學生改善學習環境外；它更是一種讓學生認識自己喜歡的讀書環境的方法。如表中範例，該生自己在房間的讀書效率並非最好，他需要有同伴（貓／母親）陪伴，能讓他達到更好的學習效果。

表 28　反思紀錄單

	學習地點	花費時間	和誰一起	分心事物（如果你真的非常專心，寫「無」就好！）	自我表現評估（1-5 分）	下次可以怎麼做／今天的小結
10/1	自己的房間	40分鐘	貓	貓咪壓住我的書本	2 分	明天我要在房間放一個紙箱給貓咪窩著
10/2	自己的房間	1小時	貓	沒有	4 分	今天貓咪很乖，我也有把重點都劃起來
10/3	廚房	30分鐘	媽媽	客廳的電視	1 分	媽媽看電視會讓我分心
10/4	自己的房間	30分鐘	媽媽	沒有	4 分	媽媽陪我一起念書
10/5	自己的房間	40分鐘	沒有	我房間的東西	3 分	我會東看看西看看，我覺得我需要媽媽或貓陪我

	學習地點	花費時間	和誰一起	分心事物（如果你真的非常專心，寫「無」就好！）	自我表現評估（1-5分）	下次可以怎麼做／今天的小結
10/6	自己的房間	30分鐘	媽媽、貓	無	5分	媽媽在旁邊工作陪我，我有問題可以問媽媽

　　最後，第三部分的總心得，則是在學生完成 6 天的執行反思紀錄後，對自己整體成效的看法。這裡的目的並不只是讓學生檢討；當學生看到自己在第二部分的整體表現結果後，他們會開始思考造成這些學習結果的可能原因。在過去，學生的學習往往都是從成績反應；鮮少有機會讓學生回溯自己學習過程發生的事情。而透過反思紀錄單，學生能清楚檢視自己每天所發生的事項，並進行檢討。換言之，這個表單雖不能幫助學生檢核他們那些學習概念未釐清，但能從學習方法上引導學生思考與改變學習策略。

表 29　總心得表單

---

1. 請記錄下這一週內，你覺得做得最好的地方。
   舉例：我都有依照計畫執行，努力移除分心的事物，例如＿＿＿＿＿＿。

2. 整個過程中，你遇到的困難。
   舉例：我的貓會一直喵喵叫，我會想跟牠玩

　　當教師在第一節課末，跟學生介紹自律學習聯絡單時，必須要清楚讓學生知道聯絡單的意義與操作方法。若允許，建議將聯絡單貼於聯絡簿上，以提醒學生須每日檢視自己的學習成果。除此之外，更能借用家長的參與，來引導學生逐日記錄與反思學習表現。第二部分的反思紀錄單亦成為教師、學生以及家長之間很好的聯絡橋樑，教師能從中了解學生每日的學習狀況；而家長更能從紀錄單知道孩子在學習過程可能面臨的分心

事物，一同陪孩子遠離可能的分心事物（例：學生可能反映寫作業時，家長在客廳看電視的聲音會影響學習。家長可以跟學生訂下讀書時間，家長在這段時間就陪著孩子一起閱讀）。最後的總心得單，引導學生瀏覽當週的學習表現，檢視自己學習的優勢與弱勢。

第二週課程：課文與單字的練習

　　第二週課程重點在於學生記熟課文中提到的單字，並期望學生將學到的單字應用於生活中。教師除了在課堂中設計對應的學習活動，幫助學生練習外；更可以搭配較具測驗性質的自律學習方法，來幫助學生精熟單字。為了這個活動，教師須事先準備測驗的內容；測驗的內容可以來自臺灣其他教育相關數位學習平台（例如：因材網、LearnMode、均一等），亦可以自行利用測驗工具開發評量試題（Google 表單、Blooket 等）。教師自行運用測驗工具開發評量試題，學生可以在課餘時間，無限制次數的不斷進行演練。當學生每完成一次的評量，系統會提供學生的測驗得分以及進行的時間。學生可以透過單字句型練習紀錄單，記錄自己每天的測驗時間、成績、自我表細評估與反思等。

　　單字句型練習紀錄單的範例如表 30 所示。教師得於課中要求學生於課後每天至少練習一次，並將自己的最佳測驗結果記錄在單字句型練習紀錄單中。學生的反思除了是教師了解學生學習狀況的紀錄表外，更是家長關心孩童學習成效的參考依據。透過將學習的歷程具體化，家長或教師能在學生需要幫助的時候，即時進行介入。這個方法能讓學生的自律學習晉升到

為共同調節（Co-Regulation）階段；透過他人（家長或教師）的引導與協助，有效完成學習任務。

表 30　單字句型練習紀錄單範例

測驗日期	你的成績是	你花多久時間複習與背誦？	自我表現評估（1-5分）	你的反思與修正（50字以上）
10/8	___5___ 分	共__30__ 分鐘	2	我分不太清楚腳踏車與摩托車；我發現我常常錯這些地方。
10/9	___7___ 分	共__25__ 分鐘	4	媽媽教我如何分辨這兩種交通工具，可惜今天還是稍微粗心。

（二）數學課程：解題練習

　　數學有許多概念是相關聯的，在學生往後的學習中，他都有可能遇到過去所學習的概念。也因為如此，在先前的課程中，理解各種不同的數學概念與解決問題方法將變得重要。Kanive 等人（2014）曾述，無論什麼樣的技能，練習都可以是提高該領域能力的一個途徑。然而，Stacy 等人（2017）卻指出，學生鮮少在學校要求以外的時間或範圍內練習數學，這個現象稱之為「數學練習差距」。這個差距可能容易讓學生的數學學習面臨困難。

　　面對這個問題，研究者都嘗試運用多種方法來引導學生在

學校要求的時間以外大量閱讀或練習數學（Stacy等人，2017），
包含提供許多線上學習資源與即時反饋；這些規劃都是希望提
供多元且適性化的學習環境，提升學生在課堂外的學習黏著度
（Stacy等人，2017）。Delpit（2012）則更進一步提到，在持
續不斷學習的過程，更應關注學生如何理解數學概念以及善用
數學解決問題的技巧；這些討論比起量化的解題量、互動以及
時間來得更為重要。因此，當學生嘗試為自己的數學學習設計
自律學習目標時，除了掌握每週的解題量時，更要注意從中如
何進行反思。以下說明可能的自律學習模式。

建立學習計畫

　　學生可為自己建立每週、每月甚至於每年的數學自律學習
日誌；日誌可以為紙本模式，以可搭配現有的數位學習工具或
平台（例如：Google日曆、因材網或均一教育平台等）。設計
的目標可以為單元式、主題式或目標式。以下以每週學習設定
一次學習目標為例，學生可以針對異分母分數加減的單元設定
一週中期望完成的目標。在檢核項目中，學生須把目標拆解到
最細，盡量以無法再分割的目標為檢核項目，輔以確實完成該
週的整個學習活動。同樣的，學生也需要知道，這些目標不是
一次就可能達成，可能需要在一週中重複數次目標而完成。而
為了達到這些原則，學生在開始進行目標設定前，需要先了解
學習平台或教科書提供哪些閱讀內容與練習題；透過先了解手
邊的資源，學生才能制定盡量詳細的學習目標。如同Zimmerman
與Pons（1986）以及Garcia等人（2018）所述，因為先了解目
前手邊的資源以及需要履行的目標，學生才能有效制定符合自

己能力的學習規劃。

表 31　每週目標設定模式

檢核項目	學習信心	學習規劃與紀錄									
		星期一		星期二		星期三		星期四		星期五	
		規劃	紀錄	規劃	紀錄	規劃	紀錄	規劃	紀錄	規劃	紀錄
異分母分數的加減的練習	5	V	O								
異分母分數的加法的影片觀看	5			V	O	V					
異分母分數的加法的練習題	4			V	O	V	O				
異分母分數的減法的影片觀看	5					V	O	V	O	V	O
異分母分數的減法的練習題	3					V		V		V	O
關於我的學習狀況，我發現什麼											

　　當學生評估並制定好符合自己能力的檢核項目後，可先行列出自己的學習信心。這裡如同 Garcia 等人（2018）所述的自我評估，用來讓學生先行評估自己的自信心並盤點可能面臨的問題。當學生如果意識到可能面臨相關問題時，他們的學習信心可能會相對降低。這也是讓學生自己有心理準備可能面臨的困難，而先針對有可能面臨的困難準備更多解決問題的時間與

策略。接著，學生可以用「Ｖ」的方式列出自己預計執行這個項目的時間。每天的右側欄位則代表學生實際進行該項目的時間。由此可知，學生有確實完成「異分母分數的加減的練習」和大部分「異分母分數的加法的影片觀看」以及「異分母分數的加法的練習題」；但關於「異分母分數的減法的影片觀看」以及「異分母分數的減法的練習題」的練習則不盡理想。在每週學習完成後，可鼓勵學生針對自己的學習狀況進行反思；以這個案例為例，學生在異分母分數的加法概念上應該沒有太大的問題，他甚至可以超前自己預定的進度。但來到異分母分數減法的單元後，他需要花費大量的時間觀看影片，減少了自己對這個主題的練習時間。學生可以根據自己的學習狀況，檢視自己的問題，並進行反思。

進行學習監督

除了透過上述的學習目標紀錄外，學生更可以在每日的學習活動後，運用 1-2 分鐘時間記錄自己的學習狀態。以下表 32 為例，學生可以在每日課程結束後，依據表格記錄自己的學習信心、花費時間、學習地點、使用策略以及分心事物。這個表格的目的，是讓學生在一週過後，完整瀏覽自己的學習狀況。如果能夠搭配相關的學習平台，詳實記錄學生在線上與實體中發生的事情，將更有助於學生釐清自己的學習問題。從表格中，我們可以得知，學生的學習時間越來越長，使用的學習策略無太大的改變，只有在星期三多了歸納自己的解題方法，並將自己的解題方法記錄在課本中。而星期三恰好是該生從異分母分數的加法轉換到異分母分數的減法的時刻；學習時間逐漸拉

長。在異分母分數的減法的學習，學生仍採用異分母分數的加法的學習模式，但其學習信心降低，學習時間拉長。倘若其他學習條件皆相同，這表示學生在該部分的學習策略可能需要改變；透過記錄了自己的學習策略後，他能夠回到課堂上或在相關的交流平台中，與同儕互相討論與分享學習的策略。這裡，學生就會運用到尋求社會環境的協助（Garcia 等人，2018），透過參考他人的學習策略，修正自己的學習方法，學生有可能在問題發生的初期獲得解決方法。也因為他有記錄自己遇到的困難，這樣會讓他在尋求協助時，更有效率。他可以在下週修正自己的學習目標後，再度針對自己有困難的單元重複練習；但這次練習，他會採用別的學習方法來進行，當新的學習策略能改變他的學習信心時，學生不僅學會了第二種數學學習策略；同時，他對於面對整體數學學習的信心也將會提升。

表 32　學習監督表格

	學習信心	花費時間	學習地點	使用策略	遇到的困難	分心事物
星期一	5	20分鐘	書房	在課本上畫記重點	無	無
星期二	5	20分鐘	書房	在課本上畫記重點並練習解題	無	無
星期三	3	40分鐘	書房	在課本上畫記重點歸納自己的解題方法，記錄在課本裡	減法部分，關於要把假分數化成帶分數不理解其用意	無

	學習信心	花費時間	學習地點	使用策略	遇到的困難	分心事物
星期四	3	60分鐘	書房	在課本上畫記重點	先通分再約分、先約分再通分，規則很多	無
星期五	2	60分鐘	書房	在課本上畫記重點並練習解題	先通分再約分、先約分再通分，規則很多	無
關於我的學習狀況，我發現什麼：						

教師回饋

　　學者指出，要讓學生在數學學習中成為專業的自律學習者，教師需要提供機會讓他們能表述自己並觀察他人的解決問題策略。而這樣的方法，也能促使學生有更好的學業表現（Stoeger & Ziegler，2008）。如同本書設計的兩張表單，都搭配了讓學生記錄學習狀況、標記問題以及反思的區塊。除了讓學生可以依照自己的歷程進行下一次的學習目標修正外，教師亦可以從此歷程中看到更多學生的質化歷程。這樣的結果，能使過去教師僅能從學生觀看影片的次數以及答題狀況，轉而看到學生在每個觀念上採用的學習方法以及面臨的困難。因為有了這些內容，教師可以在線上或實體教學環境中，安排適當的討論時間與學生進行學習目標的調整。

　　在這樣的學習活動中，教師的腳色或學生學習的目的不再只是將題目解決完畢，而是從發現學習困難到找尋合適的學習策略。在此過程中，學生會如同一般教學模式面臨困難；但他可以如實看到自己發生困難的原因以及歷程，並透過自身的調

整或他人的建議，找尋可能改變的策略。這樣的嘗試，是在告訴學生，善用多種學習策略；更告訴學生，學習都會經歷錯誤，唯有面對問題與解決問題，才能找到最適合自己的學習方法。當學生解決了自己學習上的問題，他不僅精熟了這個單元，更會為自己的學習增添信心，對該學習科目產生更強的黏著度。

（三）英語與閱讀課程：文章理解

課程單元

英語繪本閱讀《*Friendship=Friend + ship?*》

教學長度

三週，每週各一節課。每節課 50 分鐘。

教學目標

1. 學生了解友誼的意義。

2. 學生了解與他人互動模式。

自律學習重點

1. 培養學生規劃時間與管理。

2. 訓練學生理解文意並摘要內容。

課程說明

第一週：時間管理達人

在本案例中，學生需要閱讀一本繪本，並填寫學習單，其中包含三個問題：「覺得友誼是什麼？」、「自己花了多少時間閱讀？」、「閱讀進度如何？」以及「覺得自己有專心閱讀嗎？」。這些問題旨在引導學生思考閱讀的內容，以及對學習

過程進行反思和評估。

首先,「覺得友誼是什麼?」。這個部分是在引導學生參與認知歷程,透過提問的方式,引導學生重複閱讀內容,以確認這一題正確的回答內容。這個問題可以幫助學生從閱讀中提取出友誼的特點和價值,並透過寫作的方式,將自己的思考與觀點傳達出來。這有助於學生在第一時間將自己理解的友誼,形成自己的見解。

其次,「自己花了多少時間閱讀?」這個問題可以幫助學生評估自己閱讀的時間管理能力,以及對學習的投入程度。學生可以通過觀察自己的閱讀進度和閱讀時間,對自己的學習習慣進行反思,找出學習效率低下的原因,從而尋找改進的方法。

「閱讀進度如何?」這個問題是引導學生監督目前的學習狀況,包含是否依照目標進行以及是否在理想的環境下閱讀。這個問題可以幫助學生評估自己的閱讀理解狀況,並了解自己是否專心閱讀。學生可以通過觀察自己的閱讀進度,對閱讀的內容進行評估和理解,發現自己理解不到位的地方,進而找到解決問題的方法。

最後,「覺得自己有專心閱讀嗎?」這個問題是引導學生從自己的學習監督以及對內容的理解程度反思,去省思自己是否有達到良好的閱讀效果。

表 33　繪本閱讀學習單

閱讀完書本後，請回答以下問題： 1. 請說明，我認為友誼是……   2. 我共用了多少時間閱讀？   3. 我的閱讀進度是什麼？如果我未完成閱讀，我要如何補上進度？   4. 你覺得自己有專心閱讀嗎？為什麼？

第二週：關於書的閱讀

在第二週，學生需要與同學交換學習單，觀察同學的學習策略以及友誼的解釋，並且重新閱讀一次繪本，填寫問題。透

過這個過程，學生可以學習如何從不同的角度看待同一件事情，並且從同學的答案中學習到新的知識和技能。當然，這也是另一種共同調節的方式。透過從同學的學習單裡，了解對方目前的閱讀狀況，以及他如何進行閱讀。在填寫問題的過程中，學生需要重新閱讀一次繪本；這時，他有可能會採用同儕的閱讀策略進行閱讀，使得學生自己採用的自律學習策略變得更多樣性。這個過程不僅能夠幫助學生更好地理解繪本，還能夠鍛鍊學生的閱讀能力和思考能力。

表 34　交換閱讀後的學習單

請與同學交換第一堂課的學習單，觀察同學如何解釋友誼以及他們的閱讀策略是什麼。請觀察同學以及自己的學習單，並再重新閱讀一次內容，填寫以下問題。

1. 請簡述這一本書的內容。

_____

_____

_____

_____

2. 請列出書中第 3-6 頁描述的重點是什麼？

_____

_____

_____

_____

3. 請列出書中第 7-12 頁描述的重點是什麼？

_____

_____

_____

_____

4. 這本書給你什麼啟發？
_____
_____
_____
_____

5. 如請你給這一份作業打分數，你會給幾分（1-5 分）？為什麼？
_____
_____
_____
_____
_____

第三週：關於學習的反思

　　本週的活動主旨在於引導學生進一步思考友誼的真正意義，透過獨自撰寫對於友誼的想法以及文章主旨，加深學生對於友誼的理解與反思。因此，在活動的第一個部分，學生需要獨自撰寫對於友誼的想法與文章主旨。透過這個活動，學生能夠更加深入地思考友誼的意義，寫出自己對於友誼的理解。這個部分能夠幫助學生培養自主思考的能力，同時也可以激發學生的創造力，提升他們的寫作能力。

　　接著，在教師講解文章大意與主旨的部分，教師會簡述文章的內容以及主旨，讓學生能夠更加了解文章的核心思想，並從中吸取到有關友誼的深刻啟示。教師同時也會要求學生根據自己撰寫的大意給自己評分，藉此讓學生了解自己寫作的表達能力、思考能力的強弱之處。學生可以從這個部分中，了解到自己在撰寫文章時的優點與不足，進而改進自己的寫作能力。

　　最後，在分享經驗與感想的部分，學生可以與其他同學交流彼此的學習過程，進一步了解友誼對於人際關係的重要性，以及如何在生活中建立良好的友誼。在這個階段，學生其實已經運用了多個表單，他們可以在此時反覆檢視他們所採用的策略以及每個階段的歷程。透過分享的過程，檢視自己對這一次的學習表現，找出學習上的優點與待改進之處。透過在課中的組間互學，學生能夠從其他同學的經驗中吸取到啟示，進一步鞏固自己對於友誼的理解，提高彼此的相互理解與溝通能力。

表 35　學習心得分享

1. 請用一句話，說明本書的主旨。
2. 讀完這本書後，你認為友誼是什麼？
3. 和第一堂課的學習單相比，我對友誼的想法有改變嗎？為什麼？

4. 最後，如果滿分是 5 分，你給自己這一次課程打幾分？為什麼？
_____
_____
_____
_____
_____

二、平衡式科技輔助自律學習活動設計

（一）自然課程：生態觀察紀錄

課程單元

國小四年級自然課《蠶寶寶的生活紀錄》

教學長度

一個月。

教學目標

1. 學生了解蠶寶寶的四個時期。

2. 學生了解與他人互動模式。

自律學習重點

1. 培養學生監督學習進度。

2. 訓練學生從文章中摘要內容。

課程說明

本課程分為兩部分進行，一部分是關於蠶寶寶的知識文本閱讀，另一部分是關於蠶寶寶的觀察紀錄。在蠶寶寶的知識文本閱讀，教師會在學習活動前，提供一個學習進度監督單給學

生，如下表 36 所示。學生在每完成一個單元的閱讀後，填寫該
表單以檢核自己目前的進度以及表現。這個表單可以幫助學生
在填寫時，回頭確認自己先前記錄下來的重點；並確認自己後
面紀錄重點與前面的連貫性。

表 36　文本閱讀學習進度監督單

日期	花費時間	你抓到那些重點	令你印象深刻的例子
10/1	15 分鐘	蠶絲稱為「帛」、「繒」、「絹」	黃帝的妻子嫘祖「養蠶取絲」絲綢之路的由來
10/2	10 分鐘	紡織業依賴天然纖維 蠶寶寶是化學纖維產業之母	蠶寶寶吐絲的方式，後來演變成利用金屬小孔（噴絲孔）紡絲的技術
10/3	15 分鐘	家蠶多靠人工飼養，已經完全失去野外生活的能力了	天蠶及柞蠶（跟家蠶）品種不同，繭絲有很好的延展性，
10/4	8 分鐘	臺灣人工養殖的蠶種有 136 種，繭的顏色都不同。	幼蟲會吐絲把自己的足固定在蠶座上，其間不食也不動，這種現象稱作「眠」。
10/5	12 分鐘	蠶絲是天然的動物蛋白質纖維，是天然纖維中唯一的長纖維。	一個蠶繭通常可以繅出 800 到 1,500 公尺長的蠶絲，大概可以繞奧運運動場 2～4 圈。

　　在課程開始前，教師會發放學習進度監督單、文本以及學
習單給學生；並鼓勵學生自己分配時間完成學習活動。接收到
任務的學生會在課餘時間完成該學習任務，包含閱讀文本、填
寫學習單、針對學習內容進行摘要以及填寫學習進度監督單。
文本是用以幫助學生更了解蠶的生態以及習性、學習單是用以

引導學生進行文本閱讀與觀察。對學習內容摘要是讓學生將觀察到與學習到的知識進行統整並產出為自己的知識。最後學習進度監督單，是用以讓學生監督自己目前的學習進度。

另一部分為蠶寶寶的觀察紀錄，這部分教師會設計蠶寶寶紀錄表讓學生每三天進行一次觀察；觀察表如表 37 所示。在觀察紀錄表中，教師會請學生每次紀錄都對蠶寶寶畫圖，讓學生去比較自己做的摘要以及自己實際觀察到的現象是否相當；接著，教師請學生針對自己觀察到的現象進行描述。藉此，讓學生除了比對文本內容以及實際觀察的相似程度外，更可以比較每三天蠶寶寶的生長狀況。

表 37　觀察紀錄表

蠶寶寶的紀錄
姓名：
每三天做一次紀錄，本次日期：_____
本次紀錄畫圖：

自己觀察到的事：
1. 外表有什麼變化　2. 目前的進食進度　3. 每天的顏色變化　4. 其他發現？
_____
_____
_____
_____

　　當學生完成一個蠶寶寶生長循環的紀錄後，他可以透過數位化的分享平台或自己製作協作平台的模式，幫助自己整理整個觀察蠶寶寶的紀錄成果。因為他在先前有完整的紀錄，所以學生在這個階段進行整理時，他手邊其實有非常多資源可以使用；不僅可以從自己觀察的內容發現，更可以從文本讀物中找尋可以解釋現象的內文。這些都正在訓練學生運用多元化的學習資源，來進行資料的統整。

　　而在這樣的課程中，學生有更多自己進行資料整理與知識組織的機會；對於剛開始進行自律學習的學生來說，這是從完整的教師教學框架逐漸釋放讓學生有機會動手操作的過程。因此，教師與學生都需反覆檢核這段時間學生的學習狀況，並於課堂適當的時刻，安排與學生討論，以達共同調節。

（二）語文與綜合課程：書信體寫作

課程單元

　　國小四年級國語文《遠方的來信》

教學長度

四週，每週各兩節課。每節課 100 分鐘。

教學目標

1. 學生學習書信體寫作。

2. 學生能自行完成一封信並寄出。

自律學習重點

1. 培養學生運用知識組織工具，組織知識。

2. 訓練學生監控自己每週練習情況。

課程說明

第一週：架構形成

這一週的課程大綱是要學生在寫信之前先思考信件的內容，並完成架構圖，如圖 27 所示。這就如同我們在自律學習策略中提到的組織與轉化，教師可以要求學生先列出信件的主題、收信對象、想分享的事情以及我的感受。當然，更細節的引導與是需要的，包含這個主題為何重要、為何收信者要知道這件事情、這件事情之所以重要的 3 個原因或事件以及如果你是收件者，為什麼這件事情重要。最後，再邀請學生寫下這與過去的寫作有何不同。這個過程可以幫助學生有系統地整理思緒，確保信件的內容有條理、有重點。透過這個課程，學生可以學習如何寫出清晰、有條理的信件，讓讀者能夠更容易地理解信件的內容，同時也能夠表達自己的想法和感受。

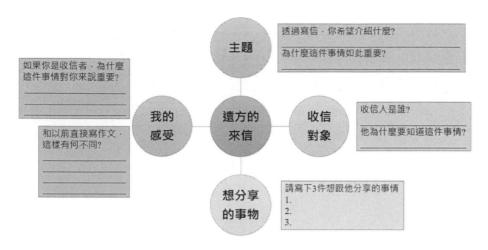

圖 27　寫信架構圖

第二週：架構反思

　　在第二週的課程中，學生將開始進行信件寫作。完成後，教師將邀請學生反思在建立架構時所遇到的困難，並提出解決辦法，如表 38。透過這個過程，學生可以學習如何運用策略來克服在寫作過程中所遇到的困難，並且學習如何分析這次的寫作與過去的不同之處。教師將透過一些引導，來協助學生思考寫作的策略，面臨的困難與解決辦法，以及在寫作過程中的成長與進步。透過這個過程，學生可以不斷地提升自己的寫作能力，並且進一步發展自己的思考能力和表達能力。

表 38　寫作架構反思

在完成信件後，想看看你是怎麼做到的？跟以往寫作練習有什麼不同？
這次我使用的策略是：_____ （例如：提出問題與回答、心智圖、模仿專家、參考同儕作品等）
我在寫作過程遇到的困難是：_____ 我如何解決這個困難：_____

第三週：文章修改

　　在第三週的課程中，教師將提供學生評估指標，讓學生針對自己的寫作內容進行評分。教師會提供一張評量表，如表 39 所示，讓學生評估自己可以獲得的分數以及自我效能，以此來幫助學生評估自己的表現，並進一步發展自己的寫作能力。此外，教師還會邀請學生評估自己可以對文章進行的改變有哪些，提出修改建議，讓學生能夠更好地了解自己的寫作風格和不足之處，進一步提升寫作能力。透過這個課程，學生可以學習如何評估自己的寫作表現，以及如何持續改進和提升自己的寫作能力。

表 39　文章修改自評評量表

指標	自我評估得分（滿分 2 分）	自我效能（滿分 5 分）	修改建議
內容豐富度（含主旨與內文）			
組織與形式（含格式及架構）			

指標	自我評估得分（滿分 2 分）	自我效能（滿分 5 分）	修改建議
閱讀流暢度（含語句及字形）			
創意趣味度			
準時完成度			

第四週：同儕回饋

　　在第四週的課程中，進入到組間互學階段。教師將讓學生在課堂中交換信件，透過同儕的閱讀，讓學生能夠欣賞他人的信件，同時也能夠檢視自己信件的不足之處。教師邀請同儕運用上一週的評分表，對同儕的作品進行評分與提供建議，以此來幫助學生更好地了解自己的寫作風格和不足之處，進一步提升自己的寫作能力。學生在看完同儕的回饋後，將根據意見進行修改，進一步完善自己的作品。透過這個課程，學生可以學習如何欣賞和學習他人的寫作風格，以及如何透過同儕的回饋來不斷改進和提升自己的寫作能力。

表 40　同儕回饋單

我（我的姓名）是（同儕姓名）的第一個讀信人，我希望給他具體且有效的回饋，期望這些對他有所幫助。			
評分項目	得分	很讚的地方	可以更棒的地方
內容豐富度（含主旨及內文）	☆☆☆☆☆		
組織與形事（含架構及格式）	☆☆☆☆☆		

閱讀流暢度（含語句及字形）	☆☆☆☆☆		
創意趣味性	☆☆☆☆☆		

第五週：完成信件

　　在第五週的課程中，學生完成信件修正並寄出後，將對自己的學習監控表進行反思，回顧這一次課程自己的表現。學生需要回顧自己在時間管理方面是否有進步、信件的完成狀況如何、給予他人回饋的品質是否有提升，以及自己在這個過程中得到的收穫和成長。透過這個過程，學生可以對自己的學習表現進行全面的回顧和評估，並進一步發現自己的不足和進步之處，以便在未來的學習中不斷改進和提升自己的能力。

表 41　學習反思單

項目	給自己的分數（滿分 25 分）	原因
1. 時間管理		
2. 信件完成度		
3. 給予他人回饋品質		
4. 我的收穫程度		
給自己的鼓勵		

（三）綜合課程：職涯探索

課程單元

　　國小職涯探索課程

教學長度

　　四週，每週各兩節課。每節課 100 分鐘。

教學目標

　　1. 學生能分析自己的性格。

　　2. 學生能洞察各工作內容與需要的能力。

　　3. 學生能批判評估自己的能力。

自律學習重點

　　1. 培養學生評估自身能力。

　　2. 訓練學生寫作技巧與做筆記的能力。

課程說明

第一週：我的超能力

　　在第一週的課程中，學生將了解使用性向測驗來獲取自己優點和缺點的概念。在課堂上，學生將完成一份性向測驗，並分析測驗結果，以識別自己的獨特特質，並根據測試結果進行分類。通過這個練習，他們將獲得了解自己優點和缺點的能力，並可應用到生活的不同領域中。接著，他們要依據完成的性向測驗，撰寫一篇文章，名為「我有超能力」。這是他們回家的作業，在家完成作業後，要同時填寫自我監控單，以追蹤自己的進展。表 42 為教師在第一次課程可以發放的自我監控單，學生可以記錄每一週寫作所花費的時間以及運用了多少次寫作組織的策略（做了多少筆記以及內容分類）。透過自我監控單，學生可以為自己的學習打上信心分數。這張自我監控單也可以讓學生在課堂中，與同學進行分享並聆聽他人的回饋。透過回饋，學生可以在逐週反覆檢視自己的學習表現。通過這一週的

學習，學生將獲得有關自己性格特點的寶貴見解，並具備更好地了解自己的工具。

表 42　自我監控單

時間	寫作主題	花費時間	做了多少筆記？	有對內容先進行分類嗎？	自我表現評估	同學給你什麼回饋？	針對同學給你的回饋，你認為…
					☆☆☆		
					☆☆☆		
					☆☆☆		

第二週：我的楷模

　　在第二週的課程中，教師會先邀請學生與同組成員互相交換作業（文章），在閱讀完他人的文章後，給予對方意見。接著，教師會邀請學生上網搜尋相關職業的影片，找到影片後，學生可以觀看影片並使用學習單進行摘要筆記（如表 43 所示）。接下來的時間，學生要再獨力完成一篇叫做「我的楷模」的作業，這份作業其實是讓學生將學習單的內容轉化成文章。換言之，學習單可以是引導學生組織的架構；而在作業寫作上，教師也可以提供其他範例，讓學生可以用模仿專家寫作的方式，來進行這個職業的文章寫作。此外，教師也鼓勵學生要持續進行前一週的自我監控單，讓學生自我察覺，當他在進行文章寫作時，是否有先將內容進行分類、是否有先進行一些筆記或者是在課堂中有沒有人給我回饋等等。在本週的學習目的，

學生將提高其職業研究和寫作技巧，更加深入地了解自己的能
力和職業興趣以及欣賞他人的能力。

表 43　職業影片學習單

職業影片學習單

姓名：　　　　　　　　　　　班級：

1. 影片的名字：＿＿＿＿＿＿＿＿＿＿＿＿＿＿＿＿＿＿＿＿＿＿

2. 請問影片可以分為幾個段落？各個段落分別出現的關鍵語詞為何？
   舉例 第一段落：巴士、與長官討論事務、會報、蒐集資料、檢核工作
   ＿＿＿＿＿＿＿＿＿＿＿＿＿＿＿＿＿＿＿＿＿＿＿＿＿＿＿＿
   ＿＿＿＿＿＿＿＿＿＿＿＿＿＿＿＿＿＿＿＿＿＿＿＿＿＿＿＿
   ＿＿＿＿＿＿＿＿＿＿＿＿＿＿＿＿＿＿＿＿＿＿＿＿＿＿＿＿
   ＿＿＿＿＿＿＿＿＿＿＿＿＿＿＿＿＿＿＿＿＿＿＿＿＿＿＿＿

3. 請為各個段落進行標題的命名。
   舉例 第一段落：早晨的工作概覽
   ＿＿＿＿＿＿＿＿＿＿＿＿＿＿＿＿＿＿＿＿＿＿＿＿＿＿＿＿
   ＿＿＿＿＿＿＿＿＿＿＿＿＿＿＿＿＿＿＿＿＿＿＿＿＿＿＿＿

4. 影片中有多少個主要概念？請運用以下範例，將影片重點畫成心智圖。

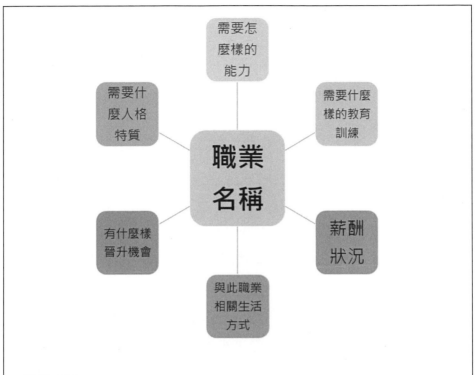

5. 職業分析

(1)職業的專長與辛苦處：

專長	辛苦處

(2)想對影片裡的人提問：

6. 心得
請將你對這份工作的想法整理成一段話。

第三週：知己知彼

　　在第三週的課程中，學生將學習如何比較和分析自己的優勢和楷模職業的優勢。在課堂上，學生將同樣先進行同儕互評，互相閱讀對方「我的楷模」作業，並給予對方回饋；除此之外，教師邀請學生在對方的作業上畫下重點，把你認為好的寫作技巧標示出來，並跟對方說明為什麼你覺得這裡的技巧是好的。接著，學生需要用心智圖來整理出自己的優劣勢和楷模職業所需具備的能力，並針對自己的不足部分設定努力目標。在圖 28 中，學生列出了該職業的專長與辛苦處；此外，也列出了他自己的優點與缺點，可以運用連接線來連結楷模與自己特質的關係。當完成作業方面，學生需要將心智圖的成果轉換成文字，完成「知己知彼」作業，並填寫自我監控單，以追蹤自己在課程中的學習進展。在本週的學習中，學生將進一步了解自己的優勢和不足，並學習如何設定目標以提高自己的職業能力。

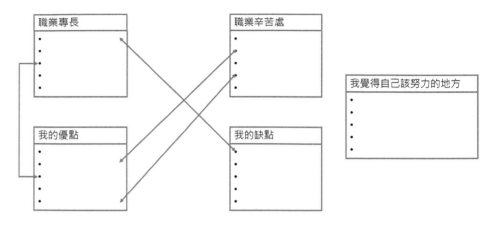

圖 28　與楷模職業的能力比較心智圖

第四週：我的未來不是夢

　　在第四週的課程中，學生將進行寫作練習，完成「我的未來不是夢」作業。在課堂上，學生將進行同儕互評，互相批改彼此的「知己知彼」作業，以進一步提高其寫作技巧。接著，學生需要成為自我寫作編輯者，將同儕給予的回饋重新整理，完成「我的未來不是夢」作業。作業方面，學生需要回家填寫總回饋心得，如表 44 所示，以對這一週的學習進行總結。關於學生的總心得回饋，教師可以運用課餘或者下一次課堂時間，跟學生討論如何解決困難以及認識最適合自己的筆記策略。

表 44　總心得表單

1. 請記錄下這四週內，你覺得做得最好的筆記是哪一次？為什麼你覺得那一次最好？對你有什麼影響？
2. 整個過程中，你遇到的困難是什麼？

（四）語文課程：語文解析與創作

課程單元

國文科　新詩選〈狼之獨步〉、〈愛的辯證（一題二式）〉

教學長度

六節課。

教學目標

1. 學生能解析文本意涵。

2. 學生能在閱讀過程認識多元價值與思考生活品質。

3. 學生能根據生活的需求撰寫各類文本。

4. 學生能廣泛嘗試各種文體，發表見解。

自律學習重點

1. 培養學生提取重點的方法。

2. 訓練學生學會教師解析文章的方法。

3. 鼓勵學生參與群體活動。

4. 鼓勵學生反思與突破自我框架。

課程說明

第一節課：學習解析文章與提取重點

首先，教師會錄製一段影片，這段影片專門教導學生如何解析文章並提取重點。他將這段影片上傳至 Google Classroom，讓學生可以方便地觀看和參考。接著，學生根據教師提供的影片，在課文中學習如何提取重點並撰寫筆記。他們會仔細觀看影片，運用所學的技巧在課文中識別出關鍵內容。完成筆記後，學生會用手機或其他相機拍照，將他們做好的筆記進行繳交。這樣教師可以評估學生的學習成果並提供反饋。透過這樣的方式，教師能夠以影片方式傳達教學內容，讓學生能夠在自己的節奏下學習。學生則能夠根據影片內容，在課文中將重點提取出來並製作筆記，提升他們的閱讀理解和筆記寫作能力。

第二節課：內容深究

首先，教師將學生分組，讓他們分散到不同的小組中。每

個小組的成員可以共同合作。接著，教師要求每個小組針對課文出兩道問題。這些問題須涉及課文的內容、理解、分析或應用等方面。小組內的學生一起討論，確定出他們認為最好的兩道問題。這些問題被放在 Jamboard 上，這是一個共享的虛擬白板工具，其他小組的同學也可以查看和參考。

　　接著，教師指派某個小組來回答這些問題。其他小組的同學也可以在討論過程中思考答案。這樣可以促進學生之間的互動和合作，並且鼓勵他們進行思考和討論。最後，在課堂中，教師進行整體討論。教師會要求原本提出問題的小組解釋他們的答案和思考過程。這樣可以讓學生分享和展示他們的思維，並且進一步討論和理解課文的內容。

第三節課：短句子創作

　　在這個階段中，學生將合作準備並完成一系列描述假期的短句子。以下是活動的流程：

1. 教師指定主題為「假期」，並向學生介紹剛剛學到的修辭或作者描述的手法。教師可以提供一些示例，讓學生理解如何運用這些手法來增添意境和意涵。

2. 學生分組合作，使用剛剛學到的手法來創作描述假期的短句子。他們可以運用比喻、象徵、排比、設問等手法，以獨特的方式來呈現對假期的感受和觀察。

3. 學生將完成的短句子放在 Padlet 上。Padlet 是一個虛擬的共享牆，學生可以在上面發布和分享內容，供其他同學參考和觀看。

4. 教師結束活動前，安排時間讓學生互相閱讀和評論彼此

的短句子。這樣可以促進互動和學習氛圍，同時學生也
可以從其他同學的創作中獲得靈感和啟發。

第四節課：解析文章的學習遷移

在這節課，學生將模仿教師的解析文章方式，並以小組合
作的方式解析一篇新詩。

1. 學生觀看教師提供的影片，模仿教師如何解析文章的方
法和技巧。這段影片教導學生如何運用不同的分析策略
來理解文章的內容和意義。

2. 教師提供一篇新的詩給學生，要求他們以小組合作的方
式進行解析。學生在小組內討論，運用剛學到的解析策
略，共同理解和分析詩的內容。

3. 學生使用平板電腦的手寫功能和錄影功能，記錄他們小
組如何解析文章和劃記重點的過程。他們可以使用手寫
功能在平板電腦上寫下重要的詞句、關鍵的意象或者提
出問題，同時使用錄影功能記錄整個討論過程。

4. 學生將錄製的影片上傳到共同的平台上，例如 Google
Classroom 的訊息串。這樣其他組的同學可以觀看並參
考這個小組的解析過程和策略。

5. 教師要求另一組同學觀看這個小組的錄影，並與自己組
的分析方法進行比較和討論。他們可以說明這個小組使
用了哪些解析策略，並討論兩個小組在解析方法和觀點
上的異同。

第五節：新詩創作

在這個合作創作的活動中，學生將合作創作一首描述「思

念的夜景」的詩。

1. 教師公布主題為「思念的夜景」，並要求學生合作使用 Padlet。學生可以在 Padlet 上建立一個心智圖，繪製他們想要描述的內容和想要運用的修辭手法。心智圖可以幫助他們組織思維和提取關鍵概念。

2. 學生根據心智圖上的節點和思考，開始創作一首新詩。他們可以運用剛剛繪製的心智圖中的內容和修辭手法，以獨特的方式來表達思念的夜景。學生可以自由發揮，運用比喻、隱喻、對偶、押韻等手法來豐富詩的意境和感受。

3. 完成詩的創作後，學生將這首新詩放在原先建立的 Padlet 中，放在主要核心概念的位置上。這樣其他同學可以在 Padlet 上閱讀並分享詩的創作。

第六節：新詩賞析與改寫

在這個階段，教師將引導學生進一步修改他們創作的新詩。

1. 教師邀請學生分享他們創作的新詩以及 Padlet 上的每個節點。學生可以逐一介紹他們的詩句和修辭手法，並解釋每個節點在詩中的意義和作用。

2. 教師結束分享後，請小組再次進行討論。學生被要求將他們小組在 Padlet 上的節點與其他組的節點進行連結。這意味著他們需要找到共通點或可關聯的節點，並嘗試修改詩中的部分內容，以更好地結合不同組的創意。

3. 學生根據討論的結果和連結的思路，創作出第二版的新詩。他們可以運用之前的創作和其他組的連結，以及新

增的想法和修辭手法，來豐富和改進詩的內容。

4. 學生將第二版的新詩分享在 Padlet 上，供各組互相評論和選定優選的新詩。他們可以在 Padlet 上進行互評，提供反饋和意見，並選出最佳的新詩。

5. 教師鼓勵學生將優選的新詩參加校內外的文學創作比賽。這樣可以提高學生對文學創作的興趣和參與度，並展示他們的才華和努力。

6. 教師也提供其他相似年級的學生的文學作品，讓學生可以在課後從評析他人的作品，回頭檢核自己的創作內容。運用這樣提供實際案例的評鑑與反思，可以激發學生的積極性和創作熱情，幫助學生了解如何評價自己和他人的作品。

這個文學賞析與創作課程具有一些明顯的特色，並且提供了多種學習機會和合作互動的方式，對學生的幫助也很明顯。首先，它富有多元的學習方式，如觀看影片、討論、合作創作、使用 Padlet 等。這樣的多元化學習方式能夠滿足不同學生的需求和學習風格。此外，這個課程強調學生的合作與互動，這種合作可以幫助學生互相學習和分享創意，並且鼓勵他們對彼此的作品提供建設性的反饋。第三，該課程透過創作新詩的過程，提供了學生展現創意和表達能力的機會。這對學生的寫作和思考能力有很大的幫助，同時也鼓勵他們對文學作品進行深入的思考和賞析。此外，這堂課程透過教師教導文章理解技巧、筆記技巧以及同儕間的社會互動，引導學生嘗試用自己的方式進行文章解析。透過這樣的學習遷移，學生體會到當面對一篇新

文章時，要如何分析內文、提取重點以及摘要內容；這將可以更進一步提升學生學習的自主性。

三、高協作科技輔助自律學習活動設計

（一）跨領域課程

課程單元

跨文化課程 —— 家鄉的粽子

教學長度

六節課。

教學目標

1. 學生能了解家鄉粽子的起源與特色。

2. 學生能獨立製作與教導他人製作自己家鄉的粽子。

3. 學生能欣賞其他國家的文化。

4. 學生能統整與分類各國粽子的特色。

自律學習重點

1. 培養學生學習組織知識的工具。

2. 訓練學生運用多種模式學習技能。

3. 鼓勵學生參與群體活動。

課程說明

第一節課：培養組織知識與研究能力

在這個跨文化班級中，班上有來自泰國、越南以及印尼的學生，因此教師指派了一個有趣的任務。教師要求學生們自己

上網尋找關於自己家鄉肉粽的介紹，並完成一份學習單的內容，如表 44。為了幫助學生更好地呈現他們的家鄉文化，教師另外介紹了一個可用的 Canva 模板。Canva 是一個設計工具，學生可以使用它來製作一個關於自己家鄉肉粽介紹的簡報。搭配學習單的架構以及 Canva 工具，這樣的方式不僅可以幫助學生們提升他們的設計能力，還能透過視覺化的方式展示各個文化的特色。

表 45　家鄉肉粽學習單

姓名		我的家鄉	
我家鄉的粽子		我們如何稱呼他？	
（放入粽子圖）			
你們都什麼時候吃粽子？			
粽子的習俗是什麼？	最早的習俗		
	最近的改變		
製作粽子的材料			
粽子的製作流程			
你喜歡這個粽子的原因			

你不喜歡這個粽子的原因	

　　教師進一步採用了異質分組的方式。每個組裡有來自不同國家的學生，這樣可以促進跨文化交流和互相學習。在這樣的分組安排下，學生們有機會與來自其他國家的同學分享自己家鄉的粽子文化。當學生們組成小組後，他們可以彼此介紹和討論自己家鄉的粽子種類、製作方法、食用習俗等。這種分享的方式不僅能讓學生們更深入地了解不同文化的粽子，還能促進他們之間的互動和友誼。學生們可以透過語言交流和視覺展示的方式，將自己的文化傳遞給其他組別的同學。

第二節課：個人的技能學習

　　在這個跨文化班級中，學生們進一步研究自己家鄉肉粽的製作方式並在學校的烹飪教室中練習製作。這樣的做法能夠讓學生們親身參與製作過程，並深入了解肉粽的傳統製作方法和技巧。透過實際動手操作，他們可以體驗食材的選擇、包裝方式和烹煮時間等重要步驟，並在製作的過程中不斷學習和調整。

　　他們將整個製作過程錄影下來，作為他們的學習歷程和展示的一部分。錄影這一過程不僅可以作為學生個人的學習歷程紀錄，更可以被用於前一堂課的簡報中。學生們可以將自己在烹飪教室中的製作過程剪輯成短片，並加入前一堂課的簡報中，以視覺化的方式展示給其他同學觀看。這樣的呈現方式不僅能夠豐富簡報的內容，還能夠讓學生們更具創意地展示他們的學習成果。

第三節課：*組內的技能學習*

　　完成前一堂課的任務後，學生們有機會觀看同組不同國家的同學所製作的簡報和影片。透過這樣的分享和展示，他們可以更深入地了解其他國家的肉粽製作方法和文化特色。為了更好地引導學生們進行實踐，由當地國家的學生擔任帶領者的腳色。他們會分享自己家鄉的肉粽製作方法，並指導組內的其他成員一起練習製作；他們也可以在課程中，試吃不同國家的肉粽。這樣的合作活動能夠促進團隊合作和互助學習，並進一步加深學生們對不同國家肉粽的理解和技能。在這個練習過程中，學生們會共同面對挑戰和解決問題，並透過互相交流和協作來達到共同的目標。他們可以互相學習，分享彼此的經驗和技巧，並在實踐中進一步提升自己的製作能力。

第四節課：*分析與創造內容*

　　在小組試吃完各國肉粽後，學生們可以開始製作簡報，同時介紹不同國家的肉粽和其特色。在簡報中，學生們可以分享每個國家肉粽的起源、傳統製作方法和獨特特色。例如：他們可以描述泰國肉粽的香氣、越南肉粽的鮮嫩口感，以及印尼肉粽的辛香風味等等。同時，他們可以融合這些優點，提出新的創新配方，例如結合不同國家的香料、調味料或食材，創造出獨特且具有多國風味的肉粽。

　　這樣的活動能夠激發學生們的創造力和創新思維，同時鼓勵他們尊重和融合不同文化的傳統食物。學生們可以彼此交流和合作，共同探索新的味道和食譜，並通過這種跨文化的食物體驗加深對其他國家文化的理解和尊重。

　　透過這樣的活動，學生們能夠將學習與實踐相結合，進一步加深對家鄉文化的理解和記憶。同時，學生透過與來自不同國家的同學一起工作，他們能夠更深入地了解其他文化的價值觀和習俗，同時也能夠建立友誼和促進跨文化交流。

　　這個課程提供了一個跨文化的學習環境，讓學生們能夠深入了解不同國家的文化和飲食習俗。學生們透過研究、分享和實踐，能夠拓展他們的視野並培養對多元文化的尊重和包容。學生在課程中，不僅進行研究和學習，還有機會在烹飪教室中實際製作肉粽，並提出新的配方和創意。這樣的實踐過程能夠激發學生們的創造力和問題解決能力。特別的是，這個課程採取了異質分組的方式，讓來自不同國家的學生組成小組，彼此分享和學習對方的文化和肉粽製作方式。學生們在合作中建立了友誼，互相學習和互助，這不僅促進了團隊合作，也豐富了他們的學習經驗。此外，教師鼓勵學生們以多種形式呈現他們的學習成果，包括簡報、影片和創新配方。學生們有機會發展他們的表達能力和口才，並將自己的觀點和創意清晰地傳達給其他同學。這些優點使得這個課程成為一個豐富多元的學習體驗，結合了理論學習和實踐操作，促進了跨文化交流和創意思考。學生們能夠在合作中學習和成長，同時也發展了他們的尊重、合作和創造力等重要能力。

（二）科學探究課程

課程單元

　　Airbeenbee 獨居蜂旅館

教學長度

　　三十六節課（十八週）。

教學目標

　　1. 學生能了解獨居蜂的特性與活動狀況。

　　2. 學生能整個各科學習知識與技能，研發產品。

自律學習重點

　　1. 培養學生學習組織知識的工具。

　　2. 訓練學生解決複雜問題能力。

　　3. 鼓勵學生參與群體活動。

　　4. 鼓勵學生為群體進行貢獻。

課程說明

　　獨居蜂是一種不屬於社會性的蜜蜂。與一般的蜜蜂不同，獨居蜂不會形成有工蜂和蜂后的複雜社群。每一隻獨居蜂都是獨立生活的，並且自己負責繁殖和覓食。獨居蜂是對有這種生活特性的蜜蜂的統稱，全球大約有超過 20,000 種蜜蜂，其中 8 到 9 成蜜蜂是獨居蜂。獨居蜂通常會自己挖洞或者找到合適的地方築巢，有時候會使用空的蝸牛殼或者樹洞等。雖然稱為「獨居」蜂，但這不代表牠們完全孤立。有些獨居蜂可能會在同一地區築巢，形成聚集的現象。不過，每一隻蜂還是獨立行動，並不會像社會性蜜蜂那樣有分工合作的行為。

　　他們跟我們常聽到的虎頭蜂、長腳蜂或熊蜂不同；例如：獨居蜂是許多植物的主要授粉者，包括野生植物和許多經濟作物。牠們有助於植物的繁殖和基因多樣性的保持，這對整個生態系統的健康和穩定至關重要。因為它佔了我們世界蜜蜂種類

的 8 到 9 成，而且它的種類多樣性豐富，各種蜜蜂與特定植物之間的互惠關係有助於生物多樣性的保護和提升。此外，由於獨居蜂分散生活，可能減少某些疾病和寄生蟲的傳播，與社會性昆蟲相比，這可能有助於整體的種群健康。不過，由於牠們的生長地點並不向其他社會性蜜蜂，牠們大多居住在估木或樹洞裡。由於都市繁榮之故，牠們居住的環境經常受到摧毀或丟棄，使得他們面臨生命延續的危害。這個損害有可能破壞生物的多樣性。於是，教師開始引導學生思考這個問題。

定義問題

在課程開始時，教師須引導學生了解獨居蜂與社會性蜜蜂的差異；同時，他們需要釐清討論這件事情的重要性是什麼。於是，教師在課堂上課可以安排：

1. 教師提出今天討論的議題「獨居蜂」，請學生以小組討論的方式，針對獨居蜂的種類、特性、活動狀態與面臨的問題進行資料蒐集。

2. 教師請學生將找到的內容取關鍵字，並在 Mirro 開放一個全班共同的討論版；請全班將以便利貼的形式將關鍵字貼在 Mirro 討論版中。

3. 教師邀請各組將 Mirro 內容複製到自己的 Mirro 裡，然後從請各組從全班提出來的便利貼中，找尋該組想要探究的核心議題與衍生問題。列出核心問題與衍生問題的原因是，所有問題的背後可能都有更深一層的問題，唯有學生把所有的現況、特性與活動等攤開來討論，他們才有可能找到核心問題與衍生問題；進而從解決核心問

題進行後續的討論。

4. 教師邀請學生針對核心問題與衍生問題進行分工，鼓勵學生明確查詢這些問題背後的原因以及現況。教師可以提供一個問題解決表單的規劃，讓每一位學生羅列待釐清的問題，以確認這個問題是否有繼續往下討論之必要性。

表 46　小組合作問題解決表單

我們組的核心問題	維護獨居蜂生存環境	待釐清的問題	生態教育目前的做法
根據我的提案，我有以下任務要進行		任務預定完成目標	預定完成日期
1. 網路蒐集關於獨居蜂維護的問題		找尋 3 種目前常見的維護方法	三天內
2. 向生態教育保育單位詢問相關方法		從網路上找尋 2 個保育單位，並進行訪談	兩週內
3. 訪談民眾對獨居蜂維護的看法		訪談 10 位民眾，了解他們對獨居蜂的看法	兩週內

5. 在列完問題解決表單，與組內成員確認任務細項都圍繞議題核心後，則各成員開始分頭行動，進行資料蒐集、觀察或訪談。

釐清問題與設計提案

1. 當小組都將問題的答案蒐集完成後，小組內成員互相討

論，已從各個不同角度找尋合適的核心問題解決方案。

2. 針對小組內成員找尋到的答案，組內成員開始互相提出解決這些問題的辦法。例如：民眾雖然知道獨居蜂的必要性，但對於枯枝落葉或獨居蜂出現在家附近，仍有疑慮。該問題的解決可能可以為：為獨居蜂製作獨居小屋；與相關生態教育園區合作或在居住地說明獨居蜂對人基本上不會造成危害的情報（獨居蜂因為不用保護蜂巢，所以不像社會性蜂會對人類保持警戒）。

3. 針對每個人提出的解決問題方法，小組成員共同投票，剔除掉暫時不可能實現或無法回應核心問題的提案。

4. 在這個階段，教師比較像一個活動的觀察者；可以在小組進行討論前，提醒學生尊重每位學生的回答。讓學生知道，我們可以接受聆聽每一個瘋狂的想法，只要我們是圍繞在同一件事情上討論。

5. 最後，當學生開始要進行下階段的雛型設計前，教師要求學生思考他們要如何驗證他們的雛型設計有效。學生必須討論他們檢測產品有效性的方法，例如：找專家評鑑、訪問民眾看法或實際找地方實施與蒐集數據等。

雛型設計與場域驗證

上一個階段，小組成員確立了幾個可能解決問題的方法；此階段他們要認領每個解決問題的方法，然後各自進行雛型設計。這時候，他們可能需要運用更多的科技、木工或電機等，來實現他們解決問題的方案。

1. 小組合作進行雛型設計。

2. 教師在過程中，負責協助監督每組學生的進度；並針對學生提出較困難的問題，合力找尋可能解決的辦法。例如：找尋大學相關教科書、國內外文獻或訪問國內外教授等。

3. 完成雛型後的小組，他們會開始進行產品有效性的驗證（例如：再度訪談民眾或生態保育單位等），以確認這個產品發展的可行性。

成果修正與分享

1. 當學生完成產品有效性的驗證後，他們必須將實際資料蒐集回來進行討論。

2. 小組回到 Mirro 上，在他們提出來的每個問題解決方案下，貼上受訪者或驗證後的數據與效果。

3. 小組成員開始討論每個解決方案實施的有效性，並嘗試從真實回饋資料中，找尋可作為修正雛型設計的意見。但如果是不是用於現場的設計，則可以在此階段剔除。

4. 最後，小組提出修正後的雛型設計（可能會有多種）；並在課堂中進行成果分享。

四、高自學科技輔助自律學習活動設計

（一）營養學

課程單元

Stanford Introduction to Food and Health（Coursera 課程）

教學長度

五週。

教學目標

1. 認識營養結構與代謝。
2. 認識高加工食物與糖分攝取建議。
3. 認識飲食節制與烹飪。

自律學習重點

1. 培養學生自我監控能力。
2. 培養學生提取訊息的能力。

課程說明

本課程是學生自學課程，以一位學生獨立參加 Coursera 營養學課程為例，讀者可嘗試運用於其他課程中。首先，課程規劃由課程講師安排，學生僅需依照課程規劃流程進行；如課程非循序型的學習，學生可以依照偏好或當天學習時間調整亦可。本小節的介紹，以引導學生制定目標、循序監督與進行筆記以及最後反思為設計概念。

目標設定

這一堂課的學習流程由講師制定，但學生仍可以針對自己的學習環境、學習時間進行安排。以下為本書提出針對該類型課程可以運用的目標設定表單。如表 47，學生可以列出自己選修這一門課的學習目的，這個即能表示學生的學習動機。如果今天是彈性的自學課程，檢核自己修課的學習動機相當重要。Boekaerts（1999）提出來的自律學習層次中就提到，動機是整個自律學習中最高階的表現。因此，確認自我學習動機，才能

使學生真正選修自己希望學習的內容。雖然是學生期望學習的內容，他還是可以先預設學習可能失敗的原因。這個目的是先讓學生預想後果，且當他知道可能有這些後果後，他是否會在目標設定與監控時，開始找尋避免這些後果的辦法。最後，如果 Coursera 的課程沒有設定每一週課程的截止時間，學生可以自己設定與安排每週或每天預定完成的進度。

表 47　Coursera 課程學習之目標設定單

我選擇的課程	
課程學習目的：	
學習有可能失敗的原因：	
課程安排與行事曆	
日期	課程範圍

循序監督

　　在第二階段，即學生開始進行學習。這位學生修習的課程，多採用影片教學，並搭配最後一個自己實作課程。而在透過影片學習時，學生可以善用 Coursera 的逐字稿以及筆記功能，這些功能增加了觀看影片的互動性。除此之外，學生可以考慮用 GoodNotes、無邊際 App 或其他筆記應用程式進行筆記撰寫，包含把課程的重點記錄起來以及將重點內容進行串聯。運用數

位工具的好處是，學生可以在同一個檔案中編輯，如果是運用類似無邊際或 Mirro 等工具紀錄，他更可以幫助學生組織跨單元式的知識，讓學生可以將營養結構與高加工食物之間的問題進行串聯；進而歸納高加工食物之所以不夠營養的原因等。最後，在學生完成每個單元後，可以針對今天自己的學習狀況進行分析。這個學習狀況的分析包含是自己的心得、有可能干擾的事物或者自己喜歡那些學習模式等。如以下的反思內容為例：

> 第一堂課我大概只上到 week 01 的一半，差不多是 1 小時左右，抓得剛剛好！我今天在咖啡廳唸書，配午餐，希望自己不會消化太差；也因為沒有做太多筆記，所以我決定把他跟我的自學課程反思打再一起。之後如果有需要，可能用超連結到其他地方。第一堂課目前學起來算輕鬆，因為都是一些說明，但有讓我多認識這個課程。他會教到很多工具，讓我很期待。第一堂課我覺得我學最多的是英文……，因為要發表自己的想法，有練習到寫作，開心。學完覺得，一天一小時好像不難，而且我滿喜歡這樣自己學，很期待下次的學習。

透過這樣將反思或學習心得記錄起來，學生可以從中找到自己當下使用的策略、心情或者對這門課喜愛之處。而當他開始進行第二週或第三週的學習時，他也可以回頭檢視他過去的學習狀況，從中去比較他每一次學習的改變。這是一種定期監督的方法，直接寫下反思心得的方式。學生亦可以用我們在討論環境結構時提到的表單，來進行自我學習的追蹤與自評。

反思回顧

　　最後，當學生熬過整個課程，完成最後的 Final Exam 後，他終於獲得了 Coursera 的結業證書。他可以做最後一件事情，那就是對自己的學習進行反思。他可以寫下自己的學習心得以及參與 Coursera 學習的心得；這是兩件事情，一件是關於自己認知學習的心得，另外一件事情是他對自己採用自律學習方法的心得。這時候，學生的監控表單就會變得重要，那些監控表單就會變成他可以概覽他學習活動的內容。因此，他可以提出對自己學習時間管理或單元規劃的成效評估內容。最後，他可以提出勉勵自己以及期望自己待改進之處；使他能更在下一次的線上自學有更成功的結果。

（二）資訊課程

課程單元

　　學習科技與教學（教育科技應用課程）

教學長度

　　十八週。

教學目標

　　1. 學習教育科技的種類與使用。

　　2. 學會用教育科技產品製作教材內容。

自律學習重點

　　1. 培養學生自我監控能力。

　　2. 鼓勵學生尋求正式幫助。

　　3. 培養學生專案整理能力。

課程說明

課程背景說明

本案例的課程主題為「學習科技與教學」，課程目標在於了解電腦在教育上扮演的腳色，並幫助學生熟悉媒體科技以及習得運用科技製作教學教材的能力。目前這類型的課程，多於電腦教室進行。根據觀察，一般電腦教室實施課程的模式為：教師展示工具操作方法、安排學生演練時間、學生進行專題製作、學生發表專題成果。但這樣的模式經常會出現的教學問題，包含：學生學習專心度不足、過少的演練時間、學生進度落差以及教師難以照顧全體學生表現等問題。

除了教學上的問題外，教師也經常發現學生到了期末仍然對於課程內容不熟悉。除此之外，當教師指派的任務之間有關聯性時，經常須處理學生檔案遺失的請求。實際探討該狀況背後隱含的問題，大致可列出兩點：(1)學生沒有管理數位檔案的觀念(2)學生認為任務與自己的學習或成長沒有意義。因此，經常會看到的現象是(1)學生在製作過程花費很多時間在找尋過往的作業(2)學期末結束後，學生立刻刪除所有檔案。這個問題，更使得學生無法回頭檢視自己的學習表現；在未來，如學生遇到類似的專題或須要應用的能力時，必須重頭學習與製作。

根據上述，本案例為了解決教學現場的問題，將針對教學現場進行的改變包含：(1)數位化教學內容（包含影片與任務指導數位化）；(2)建立數位化教學平台，放置所有課程內容；(3)教導學生檔案管理與學習歷程檔案製作；(4)提供充裕的課堂演練時間。這些結果可能帶來的優勢包含：(1)學生能反覆觀看學

習內容；(2)學生能瀏覽與自定課程進度；(3)學生能定期檢視與反思自我學習表現；(4)學生有充分的技能演練時間。這個模式，將允許學生控制自己的學習，在沒有教師的課程時間規範與任務繳交期限的限制下，學生能進行自我調節並改善自己的學習狀況。Tullis 與 Benjamin（2011）更證實透過自定進度的學習策略，能降低學生之間的學習表現差異；而且，教師得將指導時間分配給更需要協助的學生。Watson 等人（2018）更證實，透過自定進度策略的導入，能增加學生的學習參與度。

課程學習目標與內容安排

　　本案在數位學習平台 Google Classroom 中建立課程、錄製相關學習內容並安排各項學習任務；讓修課的學生能在學期初了解整門課程能修習到的技能以及須完成的任務。學生登入課程後，能瀏覽所有學習單元，並逐一觀看學習單元的內容與任務。

　　本案在每個學習單元皆安排對應的學習任務。圖 29 為學習單元任務說明以及教學影片的呈列方式。學生能在學期初或者是學習過程中，先行瀏覽任務說明，並評估自己的能力，為自己安排時間以及策略進行學習。當學生選擇進行此單元任務時，須先閱讀完教師的任務說明後，觀看教師提供的學習影片與資料，並完成教師指定的任務或測驗。這個過程不僅是幫助學生喚起先備知識，更是帶領學生認識新的知識或技能。

圖 29 單元學習任務呈現方式

　　課程設計除了提供學生多元的學習內容與彈性的課程外，亦嘗試與學生真實需求結合。例如，圖 30 的課程任務是請學生用文件編輯軟體製作學習單。活動過程，學生不僅要學習文件編輯軟體的應用，更要了解何謂 360（虛擬實境）教學影片；當他們習得這兩項認知與技能後，再將其應用於學習單的設計，使活動與學生其它課業進行連結。

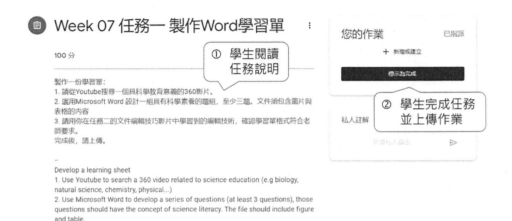

圖 30　與學生背景結合之課程任務

課程歷程管理

　　而為鼓勵學生反思以及檔案管理，本案擬鼓勵學生製作個人協作平台，並累積自己的學習歷程。協作平台是用來製作網站的簡易工具，研究者擬運用該工具做為學生展示各單元學習任務之工具。因協作平台能任意與其他網站或雲端資料串接；因此，學生能輕易將自己的任務成果（如簡報、影片、文件等）透過內嵌的方式放置於個人歷程平台裡。本案研究擬要求學生將學習任務成果皆放置於自己的學習歷程平台中；學生與教師皆能從清單找到每次任務的成果。透過此方法，學生的學習成果能一直延續到期末；且個人的歷程平台接管理於自己的雲端硬碟。透過整學期的反覆製作，訓練學生在雲端管理資料的能力。

師生互動模式

　　由於課程調整為自律學習模式，教師能在課堂中逐一關心學生的學習狀況。當學生在進行任務的過程，如果遇到失敗或困難，亦可在課堂中尋求教師的協助。除此之外，教師會根據每位學生的任務成果給予個別的回饋。學生在課中或者課後仍可以對專題進行修正與重新繳交。藉此方法，鼓勵學生反思並積極處理問題，並達到更良好的學習表現。

　　上述的學習方法，將套用於課程 18 週的學習活動中。在每單元的課程中，皆包含教學活動與學生活動。教學活動即教師錄製的教學影片，學生在觀看完教學影片後，開始進行任務活動。這樣的學習模式對學生帶來的好處是，學生可以不斷地觀看教師的教學影片，並從中練習他需要學會的科技操作技巧。另一方面，因為課堂時間幾乎都是讓學生操作，所以學生有非常充分的時間可以在課堂中完成任務。其次，教師在課堂中能更有餘力的幫助每個需要幫忙的學生，協助解決面臨的困難。最後，學習歷程的紀錄，能帶學生成就感；因為學生能從協作平台察覺到自己在這門課程完成了很多的任務，進而讓他對教育科技產生更充足的信心。這樣的學習模式，保留學生更大的課程彈性；除此之外，也鼓勵學生持續學習教育科技的學習信心。

參考文獻

Boekaerts, M. (1999). Self-regulated learning: Where we are today. *International journal of educational research*, *31*(6), 445-457.

Delpit, L. D. (2012). *Multiplication is for White People": Raising Expectations for Other People's Children*. New York, NY: The New Press.

Garcia, R., Falkner, K., & Vivian, R. (2018). Systematic literature review: Self-Regulated Learning strategies using e-learning tools for Computer Science. *Computers & Education, 123*, 150-163. https://doi.org/https://doi.org/10.1016/j.compedu. 2018.05.006

Ho, S. M. (2014). The development of a school-based model of self-regulated learning in Hong Kong secondary school classrooms. *Asia Pacific Journal of Educational Development (APJED)*, *3*(2), 25-36.

Kanive, R., Nelson, P. M., Burns, M. K., & Ysseldyke, J. (2014). Comparison of the effects of computer-based practice and conceptual understanding interventions on mathematics fact retention and generalization. *The Journal of Educational Research*, *107*(2), 83-89.

Stacy, S. T., Cartwright, M., Arwood, Z., Canfield, J. P., & Kloos, H. (2017). Addressing the math-practice gap in elementary school: Are tablets a feasible tool for informal math practice?. *Frontiers in psychology*, *8*, 179.

Stoeger, H., & Ziegler, A. (2008). Evaluation of a classroom based training to improve self-regulation in time management tasks during homework activities with fourth graders. *Metacognition and Learning*, *3*, 207-230.

Tullis, J. G., & Benjamin, A. S. (2011). On the effectiveness of self-paced learning. *Journal of Memory and Language*, *64*(2), 109-118. https://doi.org/https://doi.org/10.1016/j.jml. 2010.11.002

Watson, W. R., Yu, J. H., & Watson, S. L. (2018). Perceived attitudinal learning in a self-paced versus fixed-schedule MOOC. *Educational Media International*, *55*(2), 170-181. https://doi.org/10.1080/09523987.2018.1484044

Zimmerman, B. J., & Pons, M. M. (1986). Development of a structured interview for assessing student use of self-regulated learning strategies. *American educational research journal*, *23*(4), 614-628.

國家圖書館出版品預行編目(CIP) 資料

學習的隱形推手：科技、自律與塑造新世代的教學案例/
賴秋琳著. -- 初版. -- 臺北市：元華文創股份有限公
司,2024.03
面；　公分

ISBN 978-957-711-364-1 (平裝)

1.CST: 學習理論　2.CST: 教學科技　3.CST: 教學研究
4.CST: 文集

521.107　　　　　　　　　　　　　　　113001156

學習的隱形推手——科技、自律與塑造新世代的教學案例

賴秋琳　著

發 行 人：賴洋助
出 版 者：元華文創股份有限公司
聯絡地址：100 臺北市中正區重慶南路二段 51 號 5 樓
公司地址：新竹縣竹北市台元一街 8 號 5 樓之 7
電　　話：(02) 2351-1607　　傳　　真：(02) 2351-1549
網　　址：www.eculture.com.tw
E - m a i l：service@eculture.com.tw
主　　編：李欣芳
責任編輯：立欣
行銷業務：林宜葶
出版年月：2024 年 03 月 初版
定　　價：新臺幣 520 元

ISBN：978-957-711-364-1 (平裝)

總經銷：聯合發行股份有限公司
地　址：231 新北市新店區寶橋路 235 巷 6 弄 6 號 4F
電　話：(02)2917-8022　　　　傳　真：(02)2915-6275